LE

PHILOSOPHE

MODERNE.

LE PHILOSOPHE MODERNE,

OU

L'INCREDULE

CONDAMNÉ AU TRIBUNAL

DE SA RAISON.

Par M. l'Abbé le M. D.^{es} Grange

A PARIS,

Chez DESPILLY, Libraire, rue S. Jacques,
à la vieille Poste.

____

M. DCC. LIX.

A
MONSEIGNEUR
LE DAUPHIN.

ONSEIGNEUR,

Le Ciel a fait couler dans vos
veines., avec le Sang le plus il-
lustre, celui du plus grand Saint

qui ait jamais porté le Diadême.
Plus flatté de sa qualité de Chrétien que de sa dignité de Souverain, les titres de son Baptême
furent, par préférence aux priviléges de sa Royauté, l'objet de
sa prédilection. Il crut que les dégrés du Trône étoient moins destinés à l'élever au-dessus des
autres hommes, qu'à le rapprocher de la Divinité, pour en représenter dans ses vertus une
image fidelle.

Digne descendant de ce saint
Monarque, vous vous êtes fait
un devoir, MONSEIGNEUR,
de former votre conduite sur un
modèle si parfait, & vous avez
cru que l'imitation de ses vertus
étoit le seul titre qui pût vous

*mériter sa protection. Vous n'a-
vez vû, MONSEIGNEUR, dans
votre qualité d'héritier de la premiere Monarchie du monde ;
qu'un engagement à plus de zèle
pour la gloire de Dieu, & pour
la cause de sa Religion, qui seule
fait les grands Princes, parce
qu'elle seule fait les hommes vertueux.*

*Il n'y avoit que la confiance
que votre piété inspire, qui pût
m'enhardir, MONSEIGNEUR,
à mettre votre nom à la tête d'un
Ouvrage consacré à la défense du
Christianisme, contre les attaques de l'Incrédulité, mal dé-
guisée sous le masque d'une Philosophie plus que profane. La
protection dont vous daignerez*

l'honnorer, jettera un voile avantageux sur ses imperfections, & lui assurera le suffrage du Public, malgré ses défauts.

Je suis, avec le plus profond respect,

MONSEIGNEUR,

Votre très-humble & très-obéissant Serviteur,
LE MASSON DES GRANGES.

PRÉFACE.

LEs Incrédules de nos jours se qualifient du beau nom de Philofophes, & prétendent n'agir que pour détruire l'empire du préjugé, & étendre les progrès de la raifon. Cependant, fi l'on veut bien y prendre garde, on verra qu'ils ne font que marcher fur les traces des Sophiftes Payens, & ajouter quelques fubtilités vaines aux faux raifonnemens de ces anciens Ennemis de la vérité.

Plufieurs d'entr'eux n'ont fait que deshonorer le nom de Philofophe, en fe licentiant à outrager dans leurs écrits ce que la probité & la pudeur, vertus ſi eſſentielles à la ſociété, ont de plus reſpectable ; & ils ſe ſont mis dans le cas de trouver leur condamnation dans les maximes même des Sages du Paganiſme. Il ſemble donc qu'il ſuffiroit de renvoyer ces Matérialiſtes mal déguiſés, aux écrits des premiers Peres de l'Egliſe, qui confondirent d'une maniere ſi triomphante les derniers efforts du Polithéiſme expirant.

Je me repréſente ces fameux Apologiſtes du nom Chrétien, dans la même poſition que ces Juifs revenus de Babylone à Jéruſalem, ſous la conduite de Zorobabel, qui s'appliquerent avec zéle au rétabliſſement du culte de leurs Peres. A peine eurent-ils commencé à réédifier lé Temple du Seigneur, qu'ils furent troublés par les attaques opiniâtres des Ennemis de leur Nation & de leur foi. On les vit l'équère d'une main & l'épée de l'autre, continuellement partagés entre la néceffité de repouffer des affauts, & l'ardeur d'avancer leur fainte entreprife.

Tels furent les premiers Docteurs de l'Eglife Chrétienne, obligés de partager leur loifir & leurs talens entre la réfutation des Partifans de l'Idolâtrie, & l'inftruction des Profélites de l'Evangile. Qu'il eût été confolant pour eux de ne point voir leur miniftère diftrait par ce trifte partage, & de fe livrer uniquement au bonheur d'affurer le triomphe de la grace de Jefus-Chrift dans les coeurs.

Mais l'obligation de confondre les Ennemis de la Religion n'étant pas un objet moins intéressant pour le zèle de ses Ministres, que la nécessité d'instruire & de former ses Disciples; ces deux devoirs parurent également essentiels aux Peres de l'Eglise, & ils remplirent l'un & l'autre avec le même avantage.

Les Zélateurs du Paganisme, après avoir dominé quelque tems, après avoir employé en vain toutes les ressources de l'artifice & de la chicanne pour reculer leur défaite, virent l'univers se soustraire à leurs folles leçons.

La Religion Chrétienne l'emporta sur l'ancien crédit des Divinités d'Athènes & de Rome ; & on ne vit plus durant un long espace de siécles, s'élever contr'elle que quelques Impies isolés, qui osoient à peine faire entendre leur timide voix, assurés de trouver dans l'horreur des Nations, & la sevère vigilance des Princes, des obstacles que leur témérité n'auroit pû franchir sans danger.

Il étoit réservé à la malheureuse fécondité de ces derniers siécles, de rallumer contre le Christianisme, un feu de guerre anciennement éteint dans le sang de plusieurs millions de Martyrs, & de faire revivre en faveur de l'incrédulité, une foule de faux raisonnemens bannis, avec le Paganisme, du monde éclairé.

Pouvoit-on croire que des rapports nouveaux avec une Nation voisine, ennemie de tous les freins qui captivent, sous le voile d'un commerce purement littéraire, parviendroient sitôt à introduire parmi nous l'incrédulité démasquée, audacieuse même au point de prétendre donner le ton ?

C'est pourtant l'affreuse révolution qui nous menaceroit, si les excès mêmes de nos Incrédules n'offroient pas un préservatif propre à rassurer contre leurs tentatives, & à faire évanouir leurs projets.

Si les Incrédules de nos jours s'étoient bornés à écrire dans une langue peu familiere au Vulgaire, ou à traiter des ma-

tieres abstraites, incapables de
fixer l'attention du commun des
gens, il suffiroit peut-être de les
renvoyer aux sçavans ouvrages
des anciens Peres de l'Eglise,
pour y voir la réfutation anticipée de l'inconséquence & de la
contradiction de leurs principes
sans unité & sans liaison.

Mais leur faux zèle s'attache
à se servir de toutes les graces
du style & de toutes les finesses
de la littérature, pour insinuer
plus efficacement leur poison
dans les cœurs, & pour mettre
dans leurs intérêts tout ce que la
jeunesse a d'inexpérience, tout
ce que les passions ont de viva-
cité.

Si l'on avoit une connoissance
plus réfléchie de la Religion,

moins de diſſipation & plus de retenue, la ſeule pudeur natu-relle ſuffiroit pour détruire les impreſſions que peuvent faire les maximes des Incrédules ; & on ne verroit qu'un ſcandaleux renverſement de mœurs dans les leçons de leur morale Epi-curienne.

Mais la vie qu'on mene au-jourd'hui dans le monde, eſt un tourbillon où les ſaines idées ſe confondent & ſe perdent. On n'a ni le tems ni la volonté de penſer ; & dans ce ſilence de la raiſon, tout les appas qui flat-tent les paſſions trouvent les priſes les plus aiſées & les plus funeſtes.

Il eſt donc eſſentiel de faire des effotts pour tirer les eſprits de cette léthargie , & de leur faire connoître cette Religion, qu'ils ne dédaignent que parce qu'ils l'ignorent. Nous nous en tiendrons à un certain nombre de preuves mises à la portée de tout le monde.

On sçait assez combien le commun des hommes est peu en état d'entrer dans des discussions abstraites & métaphysiques. Il faut pour les convaincre leur en épargner le travail & l'ennui. Je me bornerai à discuter avec eux ce qu'il y a sur le fait de la Religion de plus croyable, de plus honnête & de plus sûr.

Nous comparerons principes à principes, maximes à maximes, conséquences à consé-quences. En mettant en parallèle le fyftême des Incrédules avec celui des Chrétiens, nous verrons, par un raifonnement fimple, de quel côté il y a plus de crédibilité dans les principes, plus d'honnêteté dans les maximes, plus de fûreté dans les conféquences.

Celui des deux fyftêmes qui l'emportera évidemment fur l'autre par ces trois endroits, devra être regardé comme le feul croyable, le feul honnête, le feul véritablement fûr.

Voilà la méthode que je me propofe. Elle n'a rien de fatiguant & d'épineux; & j'annonce d'avance qu'il en réfultera une démonftration fans réplique en faveur du Chriftianifme fi audacieufement traité de fable inventée par la politique , & si imprudemment deserté par tant d'ames lâches.

Avant d'entrer en matière, qu'on me permette de faire ici une observation. Nos Incrédules les plus déclarés sont si peu conséquens à eux-mêmes, que tandis qu'ils renouvellent tous les jours, & qu'ils multiplient de toutes parts, les attaques contre le Christianisme, ils établissent pour maxime * : que le Sage doit se faire une loi de ne donner jamais d'atteinte au culte dans lequel il est né , ni en le troublant, ni en l'abjurant.

Cette maxime n'est fondée de leur part que sur un motif de politique : mais elle sert du

* Livre des Mœurs.

moins à leur faire trouver leur condamnation dans leurs propres principes , lorſqu'ils ne la ſuivent pas.

Ils appuyent de tout leur pouvoir ſur l'indifférence des cultes * : le Chrétien, dit l'un d'entr'eux, eſt impie en Aſie, le Muſulman en Europe , le Papiſte à Londres. Tout le monde l'eſt, ou perſonne.

Après un tel aveu , on auroit droit d'attendre que les Philoſophes à la mode prendroient au moins le parti de laiſſer chacun tranquille dans ſa Religion. Point du tout ; ils ne ceſſent de décrier le culte & de déclamer contre la Religion du Pays dont ils ſe diſent Citoyens.

* Penſ. Philoſ.

Pourquoi cet acharnement contre une chofe indifférente felon eux ? Eft-il de la Philofophie d'avoir fans ceffe les armes à la main pour détruire un ouvrage que la raifon juge être fans conféquence ?

Ont-ils cette ardeur contre une foule d'ufages reçus dans la fociété, & qui font indifférens par eux-mêmes. En fuppofant donc l'indifférence des cultes ; leur acharnement contre le Chriftianifme doit être regardé comme la conduite la plus anti-philofophique qui fût jamais.

D'ailleurs, ils ne fongent pas qu'il y auroit beaucoup à perdre pour eux - mêmes, s'ils réuffif-foient à annéantir la Religion, ou à la rendre purement indifférente. Où trouver alors des freins assez forts pour captiver la méchanceté du cœur humain ?

Si toutes les Religions sont indifférentes, il sera libre a l'homme de n'en avoir aucune dans le cœur. Dès lors quelle autorité pourra soumetre l'homme à des devoirs, vis-à-vis de ses desirs & de ses intérêts ? Et qu'y a-t-il de plus dangéreux dans la société qu'un homme qui n'est arrêté par aucun devoir, quand il s'agit de se satisfaire ?

Que les Incrédules ouvrent les yeux, & ils verront que leur sûreté particuliere demande que la Religion ait de l'empire sur les cœurs. Ils verront que leur sûreté ne peut pas avoir de meilleure sauvegarde que la Religion

Chrétienne , qui feule étend la protection de ſes loix à ſes ennemis les plus déclarés , à ſes aggreſſeurs même les plus furieux dans leurs attaques.

Il ne me reſte plus qu'à avertir le Lecteur, que mon unique deſſein étant de forcer l'Incrédule à reconnoître que le ſyſtême du Chriſtianiſme eſt le plus croyable, le plus honnête, & le plus ſûr ; cet ouvrage ſera diviſé en trois parties.

La premiere s'attachera à faire prévaloir la crédibilité du Chriſtianiſme ſur la fauſſeté manifeſte de l'irreligion. La ſeconde oppoſera l'honnêteté du Chriſtianiſme, à l'indécence réſultante de l'irreligion. La troiſiéme rendra ſenſible la ſûreté du Chriſ-

tianifme contre le rifque démontré de l'irreligion.

Faffe le Ciel que le fuccès ré-
ponde à mes bonnes intentions.
Je n'ai d'autre vûe que de partager avec mes Frères en Jefus-
Chrift le plus grand bien que
nous connoiffions ; je veux dire
la profeffion exacte du Chriftianifme , tel que le Sauveur l'a
laiffé en dépôt à fon Eglife , &
non arbitrairement défiguré par
l'efprit particulier de chaque
Sectaire : inférieur dès lors
aux connoiffances humaines les
moins intéreffantes qui toutes
ont quelques principes fixes , &
des règles arrêtées.

LE

LE
PHILOSOPHE
MODERNE,
OU
L'INCRÉDULE
CONDAMNÉ AU TRIBUNAL
DE SA RAISON.

PREMIÈRE PARTIE.

*La crédibilité du Christianisme opposée
à la fausseté de l'irréligion.*

INTRODUCTION A CET OUVRAGE.

JE prends ici l'Incrédule lui-
même pour juge, & je le cite
au tribunal de sa raison; de
cette raison, dis-je, dont il
se montre si jaloux, affectant de ne

A

vouloir écouter que son témoignage, & prétendant ne se borner qu'à son impression. Je sens bien que je le trouverai intéressé à employer tout ce qu'il a de sagacité, tout ce que son esprit peut lui fournir de ressources pour éviter la conviction. Je n'en suis pas moins certain de trouver dans sa raison un arbitre équitable qui lui reprochera l'inconséquence de ses faux raisonnemens, & qui l'entraînera malgré ses résistances. On est sûr d'avoir pour soi le suffrage de la raison, dès qu'on déchire le voile qui lui couvre la vérité. Il ne faut donc que mettre cette raison sur les voies, en soumettant à son examen & les sources & les objets de l'incrédulité.

Sources générales de l'incrédulité.

Le vrai procédé pour guérir un mal, c'est de l'attaquer dans sa source. C'est donc à la source même de l'incrédulité qu'il faut remonter d'abord, pour donner à la raison la facilité de sonder le caractere de ses principes. L'orgueil de l'esprit & la dépravation du cœur, font les deux sources principales de l'incrédulité : de deux sources aussi suspectes que peut-il dériver de salutaire & d'avantageux ?

Premiere source de l'incrédulité : l'orgueil de l'esprit.

C'est le propre de l'orgueil d'inspirer à l'homme un attachement présomptueux à ses propres idées, qui le met dans le cas de vouloir tout soumettre à son opinion. Nulle autre cause ne sçauroit produire cet effet. Si l'homme ne consultoit que sa raison, il avoueroit que ses lumieres sont foibles & bornées, que mille objets échapent à sa pénétration, qu'il a besoin pour marcher sûrement dans les routes de la vérité, de se défier beaucoup de l'incertitude & de l'instabilité de ses propres idées, qui l'égarent le plus souvent, & qui l'exposent presque toujours à donner dans les illusions les plus bizarres, ou à n'avoir que des opinions mobiles à tout vent de doctrine.

L'orgueil ne veut point de cette sage modestie. Incapable de renoncer à la liberté de penser à son gré, il porte cette fastueuse licence jusques dans le

A ij

fanctuaire de la Religion, abyme le plus impénétrable de tous les abymes. Le Chriftianifme dont il veut être juge, & dont il fe conftitue le cenfeur, lui préfente des myfteres qui l'arrêtent. L'unité d'un Dieu en trois Perfonnes ; l'union hypoftatique de deux natures en Jefus-Chrift ; le double miracle de la préfence réelle & de la Tranfubftantiation dans l'Euchariftie. Ces myfteres que toute la fagacité de l'efprit humain ne fçauroit pénétrer, font des barrieres qui offenfent les prétentions de l'homme orgueilleux. Il ne peut les comprendre ces myfteres. Il prend le parti de les rejetter. Ce parti eft court, commode & de fon goût. J'y vois bien de la préfomption ; je n'y vois ni fageffe ni philofophie.

Un efprit judicieux fçauroit la différence qu'il y a entre les objets de foi & les objets de fcience. Convaincu que les objets de fcience ne doivent être admis que lorfque leur certitude eft connue & prouvée par la raifon, il avoueroit que les objets de foi naturellement couverts de ténèbres profondes, ne peuvent tirer leur certitude que du témoignage qui les annoncent ; & que tout impénétrables qu'ils font, ils ne doivent pas moins être admis, si le témoignage qui les annonce n'est pas trompeur.

Un esprit judicieux reconnoîtroit que le respect dû à Dieu exige que l'on croie les vérités les plus incroyables, dès qu'elles ont l'appui de son témoignage infaillible ; & s'interdisant à lui-même la liberté de pron oncer sur des objets supérieurs à ses lumieres, il borneroit toutes ses recherches au soin raisonnable d'examiner si Dieu a véritablement révélé les myftères dont il s'agit, & dont on lui propofe la foi comme un devoir dont il ne peut s'écarter fans crime.

Mais un procédé si fimple n'eft point du goût de l'homme orgueilleux. Jaloux de la liberté de fes penfées, il regarde comme un joug tirannique que l'on veuille captiver fa raifon & la foumettre en quoi que ce foit. Il prétend qu'il n'a reçu de l'Auteur de la nature, la faculté de penfer que pour le diriger dans tous fes jugemens ; qu'il eft abfurde que Dieu lui propofe des vérités à croire, fans lui avoir donné des lumieres fuffifantes pour comprendre ces vérités. Ce raisonnement est l'ouvrage de sa présomption, & ne sçauroit jamais lui être dicté par une saine Philosophie ; car enfin, il est évident que l'Etre infini ne peut jamais être compris par une Intelligence finie. Il doit donc y avoir en Dieu des mysteres que toute la sagesse humaine ne sçauroit pénétrer. Pourquoi Dieu ne nous proposeroit-il pas quelques-uns de ces mysteres à croire ? N'est-il pas en droit de s'assurer par-là de la confiance que nous avons à sa parole infaillible ? A-t-il d'autre moyen d'exercer l'empire de cette parole sur nous ? Tous les jours ne donnons-nous pas notre confiance au témoignage des hommes que nous supposons mieux instruits que nous, sur bien des articles qui nous intéressent essentiellement dans la Morale & dans la Physique ? Cependant ces hommes, quelques instruits qu'ils soient, sont sujets à l'erreur & capables de tromperie. N'y a-t-il pas une contradiction évidente, à croire un Dieu, & à ne pas vouloir se rendre au témoignage de sa parole ?

L'Incrédule croit dans l'ordre de la Nature, des vérités sans nombre qu'il ne sçauroit comprendre. Comprend-il l'union de son ame avec son corps ? les opérations physiques de ses organes ; les causes & les ressorts qui produisent & maintiennent l'ordre dans l'univers ; l'essence même constitutive du plus petit grain de sable ? Non, tous ces objets supérieurs à ses lumieres, se dérobent à la profondeur de ses études, & à l'opiniâtreté de ses recherches. Qu'il regarde autour de lui & dans lui-même, & il sera forcé de reconnoître que la certitude des choses est tout-à-fait indépendante du pouvoir qu'il a de les comprendre. Pourquoi dans l'ordre de la Religion, infiniment supérieur à celui de la Nature, faudra-t-il que tous les objets soient décidés faux ou absurdes, dès qu'ils ne seront pas à portée de son intelligence ? Foible esprit qui se perd dans l'examen des minuties de ce petit univers, & qui veut mesurer avec hardiesse les immenses profondeurs d'un Etre sans bornes ! Son audacieux orgueil ne mérite-t-il pas d'être confondu, & la Majesté de Dieu outragée ne se doit-elle pas à elle-même cette vengeance ? peut-elle même s'en contenter ?

L'Incrédule dira-t-il que s'il y a des mysteres dans la nature, l'usage de sa raison ne lui est point interdit à leur égard ? qu'il faut donc lui permettre ce même usage par rapport aux mysteres de la Religion. On lui répondra que ce n'est point l'usage ; mais l'abus de la raison qu'on lui interdit. La Religion loin de l'empêcher de raisonner sur les objets qui peuvent être de sa compétence , l'invite au contraire à donner à cet objet toute l'application de son esprit, & ne peut que gagner à l'étude qu'il en fera ; pourvû qu'il y procéde avec des intentions droites. Or, qu'y a-t-il dans la Religion qui soit de la compétence de l'esprit humain ? Ce n'est point, sans doute, de sçavoir si ce que Dieu a dit est vrai ou faux ; mais uniquement de s'assurer si Dieu a parlé, & si les motifs de crédibilité qui manifestent son témoignage, ont toute la force nécessaire pour mettre la révélation à l'abri de tout soupçon d'imposture.

La foi & la raison doivent concourir en matiere de Religion. Il y a dans celui qui croit deux choses essentielles très-distinctes, l'objet & le motif de la foi. Ce qu'il croit est au-dessus des lumieres humaines, & ne doit point être soumis au jugement de sa raison. Tout au plus lui est-il permis d'examiner si ces objets ne renferment point une contradiction évidente. Car s'il y avoit contradiction, ils ne seroient plus croyables, ils ne seroient plus même mysteres; parce que dès lors mis à la portée de l'intelligence humaine, il n'y auroit aucune difficulté à les comprendre & à les juger. Il n'est ici question que d'objets vraiment mystérieux, dont l'esprit humain ne peut ni appercevoir la vérité, ni démontrer la fausseté. Ce seroit évidemment abuser de la raison, que de vouloir que de tels objets subissent l'épreuve de nos lumieres, & que leur certitude dépendît de ce que notre intelligence en décideroit. Ainsi l'usage de la raison est sagement interdit à l'égard de l'objet de la foi. Il n'en est pas de même du motif de la foi : à cet égard, le raisonnement est non-seulement permis, mais très-né-cessaire. Je ne doisme rendre qu'à l'in-faillible témoignage de Dieu. Ce n'est qu'à lui qui est la vérité essentielle, que je suis obligé de faire le sacrifice de mes

A v

lumieres. Il faut donc que je m'affure fi Dieu a parlé ; & non - feulement je puis, mais je dois ufer de toute ma raifon pour ne pas m'arrêter fur ce point à une affurance vaine ou frivole.

Un vrai Philofophe content de donner toute fon attention aux motifs de la foi, ne peut d'ailleurs être trop en garde en matiere de Religion , contre la foibleffe , l'inconftance, les écarts d'une raifon dépourvue du fecours de la révélation. L'expérience de tous les tems a dû le convaincre qu'une raifon ainfi livrée à elle-même , ne fait que courir d'écueil en écueil. Qu'eft-il réfulté des recherches de ces Hommes fameux à qui l'antiquité prodigua aveuglément le nom de Sages & de Philofophes. Quels fyftêmes que les leurs, fur la nature de la Divinité? Les uns imaginerent un ridicule deftin, aux caprices duquel toutes les opérations divines étoient fubordonnées. Les autres partagerent l'effence divine en autant d'efpèces de divinités, qu'ils apperçurent dans cette Effence d'attributs & de rapports divers ; & ce partage, pouffé avec émulation , produifit trente mille Déïtés imaginaires. Humiliante richesse dont les hommes se glorifierent long-tems, & dont ils auroient dû toujours rougir. Ceux-ci prévenus de l'influence que le Soleil, la Lune & les Astres ont sur nos besoins, métamorphoserent ces globes insensibles en autant de Divinités, à qui ils adresserent leurs superstitieuses adorations. Ceux-là diviniserent des hommes, des animaux, des plantes, & jusques aux plus vils insectes. On en vint même jusqu'à dresser des autels à toutes les passions & à tous les vices de l'homme. Voilà quelle fut toujours la foiblesse de la raison dépourvue du secours de la révélation. On ne peut trop insister sur cette fatale expérience, pour sentir combien il est difficile à la raison d'imaginer sur la Divinité des choses raisonnables, & combien il est mal-aisé à l'homme qui ne veut être que Déiste, de se fixer à n'être rien de pis.

La raison humaine foible & ignorante, à donné nécessairement dans les variations les plus bizarres, tant qu'elle a été abandonnée à elle-même. Les anciens Philosophes ont rarement été d'accord avec eux-mêmes sur la nature

A vj

des opérations divines. Ils ont débité succeſſivement à ce ſujet les choſes les plus oppoſées. Ils ont combattu dans un tems ce qu'ils avoient établi dans un autre ; & n'ayant jamais de point fixe qui pût arrêter la mobilité de leur eſprit, ils n'ont jamais eu de ſymbole qui ne fût ſujet à des additions ou à des retranchemens. Les Déiſtes de nos jours ne donnent-ils pas les mêmes marques d'inconſtance ? S'ils parlent plus exactement que les Anciens ſur l'unité de l'eſſence divine, c'eſt aux leçons du Chriſtianiſme qu'ils ſont redevables de cette façon de penſer plus pure & plus correcte : Ingrats qui veulent tarir la ſource d'où leur viennent leurs plus belles lumières. Mais dès qu'il faut entrer dans le détail des opérations de la Divinité, eſt-il un ſeul de ces Déiſtes qui ait un ſymbole fixe & arrêté ? Ne voit-on pas dans leurs écrits l'étonnante variation de leurs penſées, voulant raiſonner de tout, & leur eſprit conduit par le raiſonnement, ſe montrant ſans ceſſe comme un duvet débile qui erre au gré de tout vent.

Les égaremens conſtans de la raiſon humaine, ſes écarts humilians, ſes variations perpétuelles fur un objet d'une aussi grande conféquence que la Religion, prouvent qu'elle a befoin d'un fecours étranger pour marcher fûrement dans cette voie ténébreufe ; l'Incrédule qui n'y veut d'autre flambeau que celui de fes lumieres naturelles, préfume évidemment de lui-même ; & au lieu de manifefter la fageffe & la retenue que la vraie Philofophie infpire dans la recherche de la vérité, il ne marque qu'un orgueil ennemi de tous les freins que la faine raifon doit mettre à la hardieffe d'un efprit borné.

Seconde fource de l'incrédulité : le déréglement du cœur.

Souvent une plus mauvaife caufe détermine l'Incrédule à combattre la Religion. Ce n'eft pas toujours en homme entêté de fes opinions & jaloux de fes lumières, qu'il s'arme d'obftination contre les vérités révélées. Pour l'ordinaire, il confulte principalement l'intérêt de fes paffions, qui trouvent dans la morale du Chriftianifme, une contrainte trop dure. Il s'en faut bien que nos Déiftes foient les hommes les plus réglés dans leurs mœurs. Leur conduite examinée fans prévention & jugée fans partialité, annonce la dépravation de cœur la plus grande. Il ont des vices que le Chriftianifme condamne; ils veulent fe délivrer du trouble des remords que la foi du Chriftianifme leur donne, & ce n'eft que pour fe procurer cette odieufe fécurité, qu'ils chargent le tableau du Chriftianifme des couleurs les plus defavantageufes. Hommes vicieux, ils ne voyent dans la foi qu'une lumière incommode. Ils font des efforts pour éteindre ce flambeau, & font leur bonheur des ténèbres qui voilent leur corruption. Le Déifte le plus audacieux de nos jours, a voulu s'infcrire en faux contre la juftice de ce reproche. Il a fait un affez mauvaife phrafe, & ne s'eft point lavé de l'accufation. Voici fes termes : « Vous dites que fi je n'avois » rien à craindre de Dieu, je ne com- » battrois pas fon exiftence ». Laiffez « cette phrafe aux Déclamateurs. Elle » peut choquer la vérité ; l'urbanité » la défend ; & elle marque peu de » charité ».

C'eft toujours beaucoup qu'il n'ait

Penf. Philof.

pas osé soutenir affirmativement que ce reproche choque la vérité ; & qu'il se soit contenté de dire qu'il peut la choquer. Nous ne difons point qu'il soit absolument impoſſible qu'un homme fans religion ne mene une vie réguliere. Ce que nous difons, & ce qui eſt prouvé par une expérience malheureuſement trop commune ; c'eſt qu'il eſt très-rare qu'on ait des mœurs quand on n'a point de religion ; & que la corruption du cœur eſt finon la ſource néceſſaire, du moins la ſource la plus ordinaire de l'irréligion.

Se retrancher fur l'urbanité qui défend de reprocher aux gens les vices qui les deshonorent, c'eſt avouer tacitement que le reproche fait aux Incrédules n'eſt que trop bien fondé. S'ils n'ont pour s'en garantir d'autre reſſource que de reclamer les loix de l'urbanité, ils obtiendront tout au plus qu'on s'abſtienne de leur dire une vérité offenſante ; mais il n'en fera pas moins établi que c'eſt une vérité.

On veut enfin que le reproche marque peu de charité. Nous connoiſſons les loix de la charité. Elles n'exigeront jamais qu'on diſſimule & qu'on tolere

les entreprises formées contre la Religion. Les Incrédules font tout ce qu'ils
peuvent pour lui imputer mille défauts
qu'elle n'a pas. Ont-ils droit d'exiger de
la charité du Fidèle qu'il ne devoile pas
les mauvais principes qui les animent ?
Depuis quand fut-il défendu aux gens
accusés de faire valoir les titres qui donnent un juste sujet d'infirmer le témoignage de leurs accusateurs ?

Les saintes Ecritures, qui font la
régle de notre foi, ont aussi réglé notre
charité. Nous y lisons cette maxime,
confirmée par l'expérience de tous les
tems : *L'Impie a dit dans son cœur, il n'y
a point de Dieu.* Quand nous n'en aurions point d'autre preuve, cette maxime suffiroit pour nous persuader, que
nous pouvons, sans blesser la charité,
dire hardiment que toute irreligion
prend sa source dans les vices du cœur.

C'est le cœur corrompu qui produit
l'envie de trouver la Religion fausse.
C'est le cœur corrompu qui suggère des
doutes & des raisonnemens contre la
Religion; & l'esprit en se prêtant à cette
partialité, n'est que la dupe ou le com-
plaisant des desordres du cœur. Cette
vérité a pour elle non-seulement le té-

moignage de nos saintes Ecritures ;
mais encore la conscience de tous les
Incrédules. Il n'en est aucun, s'il vouloit parler de bonne foi, qui n'avouât
que son incrédulité doit son commen-
cement & ses progrès à tel vice domi-
nant dans son cœur. Il n'est même aucun de ceux qui les connoissent intimé-
ment, qui ne soit en état de justifier la
vérité de ce reproche.

Allégation des Incrédules convaincue de mauvaise foi.

Mais enfin, dira-t-on, les causes de
l'irréligion particuliere, ne font tout
au plus que matiere à conjectures. Il
s'agit de sçavoir s'il est vraiment raisonnable de donner sa foi aux vérités
du Christianisme. On ne conteste point
que ce ne soit une nécessité indispensable de les admettre, quelque incompréhensibles qu'elles soient, si elles
viennent effectivement de Dieu, & si
le monde n'est redevable de leur connoissance, qu'à cette révélation bien
avérée. Or, c'est dequoi il n'est pas
possible de se convaincre.

Plus on réfléchit sur les motifs de
crédibilité qui appuyent cette révéla-

tion, plus les doutes augmentent. Il faut donc convenir que ces motifs sont in-suffisans pour produire une foi qui exclut tous les doutes. Si nous ne croyons pas, on n'a point de reproche à nous faire. Croire sans être sûr que Dieu a parlé, ce seroit une crédulité aveugle, dont la raison ne peut trop se défendre.

Le Déiste que nous avons déja cité, semble borner ses vœux à rendre en effet toute Religion douteuse. « Il se-» roit à souhaiter, dit-il, qu'un doute » universel se répandît sur la terre, & » que tous les peuples voulussent met-» tre en question la vérité de leur Reli-» gion ». Si ce souhait ne tendoit qu'à introduire parmi les hommes le doute méthodique, pour examiner exacte-ment les motifs que l'on a de croire, sans autre dessein que de se rendre à la vérité connue ; ce souhait seroit rai-sonnable & philosophique.

Mais son unique objet est de rendre le doute stable & persévérant, d'en faire un état habituel & un état de tranquillité. » J'ai vû, ajoûte le même Auteur, des » individus qui ne conçoivent pas com-» ment on pourroit allier la tranquillité » d'esprit avec l'indécision. Je me pi-

» que d'ignorer d'où l'on vient, où
» l'on va, pourquoi l'on est venu,
» sans être plus malheureux ». Que
diroit cet Auteur d'un homme qui
averti par le très-grand nombre, qu'on
vient de creuser une mine sous sa maison, où l'on mettra le feu au moment
qu'il y pensera le moins, répondroit
cavalierement : Je me pique d'ignorer
ce qui se manœuvre sous mes pas, &
je reste dans ma maison sans être plus
malheureux ? Il diroit, sans doute, que
cet homme est fou, & il auroit raison.
Sur cela que l'Auteur se juge lui-même?

Il a dit ailleurs : « On seroit assez
» tranquille en ce monde, si l'on n'a-
» voit rien à craindre dans l'autre ».
Mais il faut du moins être sûr que l'on
n'a véritablement rien à craindre après
la mort. Le doute, l'incertitude, l'indécision à cet égard doit être un état
insupportable à un homme qui pense ;
& s'il y a un Dieu, il a dû nous épargner le trouble d'une incertitude si af-
fligeante.

Il en faut donc toujours revenir à la
nécessité d'examiner si Dieu ne nous a
point révélé cet avenir qui nous con-
cerne. C'est sur ce point unique que

toute la controverse doit rouler.

Les Incrédules de nos jours au lieu d'examiner philosophiquement ce point essentiel, perdent le tems à combiner des systêmes qui font l'opprobre de leur raison. Pour réfuter efficacement ces horribles systêmes, il suffit de les dévélopper. L'Auteur des Lettres critiques s'est imposé cette tâche, & il la remplit avec le plus grand succès. C'est aussi l'objet d'une société de Gens de Lettres, qui consacrent leurs talens à la défense de la Religion, & dont le travail est protégé. Je vais ici marcher fur leurs traces, en faisant connoître une partie des écueils où la prétendue philosophie des Incrédules va aboutir. Je citerai leurs ouvrages, afin qu'on ne m'accuse pas de leur imputer des erreurs de mon imagination, & d'inventer à mon gré des chimères, pour avoir le plaisir de les combattre.

Syſtêmes déraiſonnables des Incrédules,
& leur réfutation.

Les Incrédules n'ont pas tous les mêmes syſtêmes; & comment des hommes qui font sans principes, & qui ne suivent que les caprices d'un esprit égaré par les desordres du cœur pourroient-ils s'accorder dans leurs opinions? Les uns Athées ouvertement, avancent avec une confiance dont la folie seule peut ne pas rougir, qu'il n'y a point de Dieu; que ce qu'on entend par ce nom n'est qu'un Etre idéal & fantastique; que si les hommes veulent absolument un Dieu réel, ce Dieu de convention ne peut être que la substance universelle des choses; tout ce qui existe, animaux, plantes, élémens, &c, ne faisant qu'un tout avec la Divinité, ou plutôt étant la Divinité elle-même.

Cette Théologie est vraiment très-courte. Elle est fort commode pour les gens qui font hors d'état de réfléchir. Elle ne charge pas leur mémoire de beaucoup d'articles, & laisse peu de chose faire à leur jugement. Mais elle est bien étrange pour ceux qui ont de la raison & qui veulent en faire usage. Que la matiere soit Dieu, & qu'il n'y ait point d'autre Dieu que la matiere, c'est une absurdité qui choque le bon sens. Comment de l'ensemble d'une foule de parties hétérogenes & de combinaisons disparates, peut-il résulter une substance unique ? Est-il rien de plus chimérique qu'un Etre universel qui n'est rien dès qu'il est tout, qui devient tout à la fois le contenant & le contenu, le mobile & l'objet mû, la cause & l'effet, le principe qui agit & le sujet qui reçoit l'action, la modification & la chose modifiée ? Qu'est-ce que cette substance universelle qui souffre dans ses parties de continuelles altérations, qui reçoit tout à la fois les formes les plus opposées, qui manifeste les qualités les plus incompatibles, le repos & le mouvement, le froid & le chaud, le jour & les ténèbres ? Un esprit qui n'est pas en délire peut-il admettre de pareilles contradictions ?

Système de Spinosa.

Elles résultent nécessairement du système de la *toute substance*, qui est censée une & simple, quoiqu'elle soit composée de plusieurs substances très-distinctes entr'elles. Chacun des atômes qui composent cet univers a de toute nécessité une substance propre qui le différencie des autres. De plus, la pen-

fée & l'étendue font deux attributs très-
féparés ; & l'idée du premier n'a rien
de relatif à l'idée du fecond. Rien même qui n'en foit l'exclufion pofitive.

Voilà donc une fubftance unique à qui
appartiennent indivifiblement les chofes les plus divifées par leur nature &
leur fubftance. D'ailleurs ou la fubftance univerfelle eft diftinguée de la
collection des êtres étendus & penfants,
ou elle ne l'eft pas ? Si elle eft diftinguée de cette collection, il y a néceffairement diverfité de fubftances ; &
outre la fubftance univerfelle qui eft
fuppofée, la collection des êtres préfente deux fubftances particulieres,
celle des êtres étendus, & celle des
êtres penfants. Si l'on dit que la fubftance univerfelle n'eft pas diftinguée
de la collection des êtres, on dit une
chofe abfurde. L'idée de collection eft
auffi étrangere à l'idée de fubftance,
que l'idée de divifion.

L'enfemble des êtres ou leur détail,
ne font que des chofes de pure combinaifon, & par conféquent, des chofes
purement accidentelles. Or, comment
peut-il réfulter une fubftance de ce qui
n'eft qu'un fimple accident ?

Dira-t-on que l'étendue & la pensée ne sont que les parties d'un même
tout, qui est la substance universelle ?
Mais quand on veut discuter les choses,
il faut sçavoir au moins ce qu'on dit.
Qu'entend-on par le mot de substance ?
Ou ce n'est rien, ou c'est autre chose
que la totalité des êtres. Jusqu'à présent on a reconnu pour substance tout
être dont l'idée ne renferme point nécessairement l'idée d'un autre être.
Spinosa lui-même est convenu de cette
notion que tous les Philosophes anciens & modernes ont donné de la substance. Or, il est évident que l'idée de
l'être pensant ne renferme point nécessairement l'idée de l'être étendu , &
que l'idée de l'être étendu ne renferme
point nécessairement l'idée de l'être
pensant. Donc l'être étendu & l'être
pensant sont certainement deux substances différentes, & ne sçauroient être
les parties d'un seul tout, qui est la
substance universelle.

Il y a une contradiction encore plus
manifeste dans le systême de Spinosa ;
c'est qu'il compose une substance infinie de la collection des êtres dont il
n'est aucun qui ne soit fini. Or, il est
impossible

impossible que des êtres finis produisent un infini. Ces deux idées, le fini
& l'infini sont incompatibles, sous
quelque objet qu'on les rassemble. Elles
s'excluent mutuellement. Toute collection d'êtres finis est nécessairement une
collection finie ; dès que chaque partie
a des bornes, le tout est essentiellement
limité. Ainsi l'idée d'une substance infinie résultante de la collection des êtres
finis, n'offre qu'une chimere qu'aucune
subtilité d'esprit ne fera jamais avouer
à la raison.

Quel est donc le but de ce systême
monstrueux ? le voici. Il n'y auroit plus
de distinction entre le bien & le mal.
Les vices & les vertus seroient les productions de la même cause. Le mal
moral & le mal physique auroit le même Dieu pour auteur ; c'est-à-dire,
qu'il n'y auroit plus rien de mauvais,
rien de vicieux ; que tout ce qui existe
existeroit nécessairement, & par la détermination unique de la substance universelle. Systême commode pour les
passions, & qui ôteroit à la corruption
du cœur tous les freins qui la captivent.

Syftéme emprunté d'Epicure.

Si on demande aux Incrédules, qui a
crée le monde, quel eft l'auteur & le
confervateur de l'ordre invariable que
nous admirons dans cet univers ? Ils
répondent que le monde a toujours été
tel qu'il eft ; que néceffaire & éternel
quant à la fubftance, il n'a dû fa forme
qu'au hazard; que ce hazard dont on ne
nous donne aucune idée, parce que
certainement on n'en a point, a arran-
gé les chofes comme nous les voyons ;
ou plutôt que la matiere s'eft mife en
mouvement d'elle - même ; qu'elle a
produit fortuitement ici un foleil, des
planettes & leurs fatellites, des cometes
& des étoiles ; là des continens & des
ifles fans nombre, une mer immenfe
& des fleuves pour faciliter leur communication.

Ici des rivieres, des fontaines, des
forêts, des plantes, des métaux & des
fruits pour la commodité de l'habita-
tion. Là des quadrupédes, des volatiles,
des reptiles, des infectes, des poiffons,
l'homme enfin & la femme, avec la dif-
férence des fexes pour la propagation
des efpèces.

Il faut convenir que voilà un hazard

bien prévoyant & bien induſtrieux. Il
n'a ni intelligence, ni vûes, ni deſſeins,
& cependant il exécute toutes choſes
avec une juſteſſe & une préciſion infinie. Qu'il eſt beau d'attribuer de ſi
grands effets à une cauſe ſi aveugle !
Mais ſans nous perdre dans les nues,
examinons l'organiſation de notre
corps, & voyons ſi ſon méchaniſme a
pû être produit par une combinaiſon
fortuite d'atômes. N'y trouvons-nous
pas des organes qui ont été faits évi-
démment pour des fins & des vûes particulieres ?

L'œil n'a-t-il pas été fait pour voir ?
L'art avec lequel toutes ſes parties ſont
configurées, ne prouve-t-il pas l'attention de l'Ouvrier à diriger au fond de
l'œil les rayons de lumieres, de façon à
rendre fidelle la repréſentation des objets ? L'oreille n'a-t-elle pas été faite
pour entendre ? l'artifice de ſa compo-
ſition n'annonce-t-il pas le deſſein d'y
produire le ſon par le mouvement de
l'air extérieur ?

N'en eſt-il pas de même de tous les
autres organes de nos ſens ? En eſt-il un
ſeul qui ne marque une deſtination ſpé-
ciale, & une fonction qui lui ſoit

propre ? L'anatomie ne nous montre-t-elle pas dans l'intérieur de notre machine, un jeu de reſſorts combinés avec tout le ſoin & toute l'économie poſſible, pour y entretenir la vie & le mouvement ?

Le hazard eſt donc l'auteur de toutes ces merveilles ? Mais ou ce hazard eſt quelque choſe, ou il n'eſt rien. S'il eſt quelque choſe, c'eſt à ceux qui célébrent ſon empire de m'en donner une idée qui me faſſe connoître ſa nature. Si le hazard n'eſt rien, c'eſt aux mêmes gens à me faire comprendre comment ce qui n'a aucune réalité a pû donner l'exiſtence à des perfections ſi réelles.

Ou ce hazard tout-puiſſant eſt connu, ou il ne l'eſt pas. S'il eſt connu, on a grand tort de ne pas nous expliquer ce que c'eſt. S'il n'eſt pas connu, on a encore plus de tort d'attribuer le pouvoir de tout faire à une cauſe dont on n'a aucune connoiſſance.

Allons plus loin. Ce haſard qui a tout crée, a-t-il auſſi la faculté de conſerver invariablement les choſes dans l'état où il les a créés ? Voilà un hazard bien conſtant dans ſes opérations. Quelle chaîne le captive ! Comment un mouvement imprimé fortuitement à la matiere, fans ordre, fans vûe, fans objet, ne fait-il pas fans ceffe de nouveaux miracles ? Comment ne fait-il continuellement que ce qu'il a fait ? Quoi toujours la même fin & les mêmes moyens apparens de la part d'une caufe qui n'a ni connoiffance de moyens, ni idée de fin !

Si je mets dans une roue différentes parties d'or, d'argent, de fer, de cuivre, d'émail & de verre, & que j'agite la roue avec effort, d'où vient ce hazard fi efficace n'en fait-il pas fortir des montres à répétitions, des tableaux mouvans, des automates dignes de Vaucanfon, des étuis de mathématique, des microfcopes & des télefcopes ?

Je ne connois qu'un feul homme qui ait eu l'intrépidité d'avancer la poffibilité de ces effets fortuits. Le paradoxe ne lui coute rien, & il s'en tire à fon ordinaire par un jeu d'efprit & un tour de phrafe. Il fe fait à lui-même l'objection avec affurance. Il la met dans la bouche d'un Profeffeur qu'il fait parler ainfi : « Athées je vous » accorde que le mouvement eft effen- » tiel à la matière; qu'en concluez-

ν vous? que le monde réfulte du jet
ν fortuit des atômes? J'aimerois autant
ν que vous me difiez que l'Iliade d'Ho-
ν mere, ou la Henriade de Voltaire eft
ν un réfultat de ces jets fortuits ν.

Voilà l'objection ; voici la réponfe.
ν Je me garderois bien, dit cet Au-
ν teur, de faire ce raifonnement à
ν un Athée ; cette comparaifon lui
ν donneroit beau jeu.... Quelle que
ν fût la fomme finie des caractères avec
ν lefquels on me proposeroit d'engen-
ν drer fortuitement l'Iliade, il y a tel-
ν le fomme finie de jets qui me ren-
ν droit la propofition avantageufe ν.
Il n'y avoit plus qu'à accepter le
défi & effayer. Voilà toute la réfutation que mérite un propos fi préfom-
ptueux.

On n'a garde d'accorder à l'athée
ni l'éternité de la matiere, ni le mouvement effentiel de la matiere. Mais
quand même, par furabondance de
droit, on voudroit bien lui paffer ces
deux fauffes fuppofitions, il n'en ré-
fulteroit pas qu'on lui donnât beau jeu.

Ou la combinaifon des atômes & des
caractères fuppofe de l'intelligence,
ou elle n'en fuppofe pas; fi elle eft

purement fortuite & faite sans intelligence, il est impossible qu'il en résul-
te des effets qui demandent évidem
ment qu'on se soit proposé une fin, &
qu'on ait réfléchi sur les moyens. Si
la combinaison a besoin d'être dirigée
par un être intelligent, on aura beau
multiplier les jets, on ne produira que
du trouble & du désordre.

Telle est la combinaison de l'Iliade, où
l'on voit une suite & un enchaînement
de parties tendantes à un but purement
intelligible. Elle ne peut être l'ouvrage
que d'un esprit appliqué. Telle est à
plus forte raison la combinaison de cet
univers, où l'on voit un arrangement
de causes sans nombre qui agissent par-
tout avec poids & mesure, pour opérer
des effets prévus & déterminés.

Quel jet fortuit d'atômes a pû enfanter un ordre si frappant ? Et si un
premier hazard a pû le produire, d'où
vient un second hazard ne le détruit-
il pas ? Ce hazard qui peut faire rencontrer un jet de caractères d'où résultera l'Iliade d'Homere, pouvoit donc
aussi produire dans nos cerveaux des
impressions qui, sans étude & sans
travail, y graveroient toutes les con-

B iv

noiſſances poſſibles. Que ne peut-on pas attribuer à une cauſe qui a fait le monde ſans en avoir l'idée & l'intention!

Syſtême auſſi Philoſophe que Chrétien.

Mais enfin, après avoir anéanti les biſarres ſyſtêmes des incrédules, il faut établir philoſophiquement le ſyſtême de la Religion. Les merveilles de la nature prouvent l'exiſtence d'un Créateur. Les cieux annoncent la gloire de Dieu. Le firmament eſt avec évidence l'ouvrage de ſes mains. Le jour le dit au jour, & la nuit l'enſeigne à la nuit. Il n'y a qu'un Etre qui joint à une intelligence infinie un pouvoir ſans bornes, qui ait pû arranger & exécuter le plan du grand ouvrage dont l'univers nous préſente le ſpectacle.

Auſſi dans tous les tems & chez tous les Peuples on a vû l'idée de la divinité établie. Tous les hommes n'ont pas eu la vraye connoiſſance de Dieu; mais tous les hommes ont reconnu dans les merveilles de l'univers le ſceau de ſa lumiere & de ſa puiſſance. Quel autre que lui a pû imprimer dans nos cœurs cette loi naturelle, qui conserve dans toutes les nations son autorité & ses principes, malgré la diversité étonnante des intérêts & des préjugés qui divisent les Peuples?

Ce n'est point par convention que des hommes partagés en sociétés isolées, ou qui n'ont entr'eux que des rapports de rivalité & de haine, se font faits des idées uniformes du juste & de l'injuste. Ils ne peuvent tenir cette constante uniformité d'opinions que de Dieu leur pere & leur principe commun. Il y a donc un Etre éternel qui existe nécessairement. La contingence des êtres physiques en est une preuve sans replique.

Je ne me suis pas donné à moi-même mon existence, celui à qui je la dois la tenoit d'un autre; j'aurai beau pousser à l'infini cette progression, à la tête d'une succession d'êtres qui n'ont pas d'eux-mêmes leur existence, il faudra toujours que je place un être qui existe nécessairement, & qui ayant seul l'existence par lui-même, est le seul de qui les autres ayent pû la recevoir.

Celui qui existe de toute éternité est essentiellement un Etre indépendant,

B v

& ne peut avoir ni supérieur ni égal.
Tout ce qui s'est fait dans l'univers
ne peut être que son ouvrage. Il est
nécessairement par-tout, parce que tout
ce qui existe a besoin de son appui.

Il est souverainement parfait, parce que s'il manquoit d'une seule perfection , il y auroit des êtres possibles qui seroient dans le cas de trouver hors de lui le principe de leur
existence. Il faudroit donc pour eux
un autre Dieu. Or , il faut ou n'admettre qu'un Dieu unique , ou admettre
autant de Dieux qu'il y a de choses
possibles ; ce qui seroit absurde.

Dieu est donc indivisible; il n'est donc
pas matière, puisque la matière peut se
diviser. C'est un pur esprit dont les
attributs immuables se dérobent à la
pénétration de nôtre foible intelligence. Souverainement parfait , il con-
noit tout, il dispose de tout ; il a autant de pouvoir que de sagesse ; il commande à la nature & au néant; il produit la lumiere & les ténèbres; il donne la vie & la mort ; rien n'arrive
dans l'ordre physique que par sa volonté ; & tout céde aux mouvemens
de cette volonté souveraine.

Quelques incrédules de nos jours ont eu la hardieffe de traiter de *bille-verfées* les raifomnemens profonds qui démontrent l'exiftence de Dieu. Ce ftyle tranchant & ce ton de mépris leur eft plus familier que la vraie philofophie. L'imagination d'un infenfé qui veut les chofes à fa fantaifie, peut fe contenter d'un quolibet fi déplacé. L'homme fage & vraiment Philofophe méprifera toujours celui qui décide fi defpotiquement. Quand on prononce fans examen, on ne dit ordinairement que des fottifes.

L'obfervation anatomique du plus petit infecte fuffit pour déconcerter tous ces prétendus beaux efprits qui veulent jetter des nuages & du doute fur l'exiftence de Dieu. On fçait ce qu'il en coûte à l'homme le plus fécond en inventions & le plus intelligent en méchanique, pour produire un automate qui imite imparfaitement les fonctions les plus apparentes d'un corps organifé.

Quelle intelligence ne faut-il donc pas pour former un infecte dont les organes font fi fins & fi déliés, dont toutes les parties font arrangées avec tant d'art, afforties avec tant de

commodité ? Quoi le hazard seul produira sans difficulté un être vivant &
animé, & le hazard joint à l'étude &
aux réflexions ne pourra produire que
très-difficilement un automate qui ait
une legere apparence de vie ! A qui
persuadera-t-on ces rêveries !

La matiere est essentiellement indifférente au mouvement & au repos; c'est
ce que tous les Philosophes ont reconnu. Si l'un de ces deux états lui étoient
nécessaire, elle seroit ou éternellement
en mouvement, ou éternellement en
repos. Or, nous la voyons passer continuellement de l'un à l'autre. Il faut
donc une cause étrangere à la matiere
pour vaincre l'indifférence qu'elle a
à être mûe ou à ne l'être pas. Cette
cause ne peut être le hazard. Le hazard
n'est rien; & le rien ne sçauroit faire
quelque chose.

Il est bien étonnant que les Incrédules qui marquent tant d'orgueil dans
leurs écrits, s'obstinent à se dégrader
eux - mêmes contre toute raison, en
soutenant que leur esprit, dont ils
ont tant d'envie d'établir la supériorité, n'est que le résultat d'une combinaison fortuite d'atomes? Pourquoi

entendent-ils si mal les intérêts de leur amour propre en un seul point, tandis qu'il en poussent si loin les prétentions dans tous les autres ? Cette contradiction décéle de plus en plus le mauvais principe de leur incrédulité.

Systême des Matérialistes.

J'intéroge un de ces Matérialistes opiniâtres, & je lui demande qu'êtes-vous ? Que deviendrez - vous ? Il me répond que ce sont là des questions futiles auxquelles on a déja mille fois satisfait. Je lui repréfente que s'il y a une question importante, c'est celle que je lui propose ; & je le presse de me dire son opinion. Il me répond : « Je suis » ce que sont tout les autres animaux, » & j'aurai le même sort qu'eux. Je ne » suis que de la matiere arrangée, or- » ganisée, appropriée pour toutes mes » opérations ; & ce qu'on appelle mon » ame n'est qu'une portion plus subtile » & plus déliée de cette matiere, prin- » cipe unique, & unique terme de tou- » tes choses ».

En vérité, un homme qui parle de la sorte, mériteroit bien de n'être que ce qu'il dit. Je vois dans l'homme un

être qui penfe, qui réfléchit, qui combine, qui fent fa propre exiftence ; un
être qui a une volonté agiffante & libre, qui donne fon attention aux objets, qui la leur refufe, qui conçoit,
qui juge, qui arrange, qui fe détermine, qui choifit; un être qui rappelle
le paffé, qui connoît le préfent, qui
préfume, qui conjecture l'avenir ; un
être qui étend à tout fes connoiffances, qui mefure la diftance des lieux,
la hauteur des Cieux, la profondeur
des abîmes, qui démêle la fignification arbitraire des caractères, des chi-
fres, des fignes de convention. Tout
cela n'annonce-t-il que de la matiere ?

Je vois dans l'homme l'inventeur
des fciences les plus fublimes & les
plus tranfcendantes, d'une foule d'arts
où brille le genie, l'adreffe & le goût ;
je vois un politique qui arrange, qui
varie les fyftêmes de gouvernement,qui
en approprie les loix aux ufages, aux
mœurs, aux préjugés, aux climats. Je
vois un Orateur qui plaît par la pureté,
l'énergie, l'élégance de fon ftyle, qui
perfuade, qui entraîne par la force de
fon éloquence. Je vois un Philofophe
qui foumet la nature entiere à fes ob-

servations, qui en devoile les myſtères, qui en découvre & en explique les propriétés. Tout cela n'annonce-t-il que de la matière ?

Incrédules, écoutés la voix de la matiere qui vous crie de toutes parts, qu'elle n'eſt rien de ce qui penſe, de ce qui réfléchit, de ce qui combine ; qu'elle n'a qu'une étendue ſuſceptible de toute ſorte de formes & de mille mouvemens divers ; qu'elle ne peut ſe donner à elle-même ni forme ni mouvement. En effet, c'eſt méconnoître la matiere, que de ne pas lui attribuer une inactivité & une inertie totale.

Dira-t-on, comme on le dit ſouvent, qu'on ne ſçait pas ſi la matiere n'eſt point capable de penſer & de ſentir ? On ne le ſçait pas ; pourquoi donc l'affirme-t-on ? Pourquoi avance-t-on d'une maniere ſi tranchante, que l'homme n'eſt que matiere ; tandis qu'on ignore ſi la matiere eſt capable de penſer ? Conclure qu'une choſe eſt, parce qu'on conjecture qu'elle eſt poſſible ; eſt-ce raiſonner ?

Mais s'il eſt poſſible que Dieu rende la matiere penſante, comment ſçaurons-nous qu'il ne l'a pas fait ? On n'a garde d'accorder aux Incrédules la possibilité d'une matiere pensante; & il est facile de prouver par un raisonnement simple, que la matiere ne sçauroit acquérir la faculté de penser. Ce raisonnement, le voici:

Une substance ne sçauroit réunir des facultés incompatibles, & qui s'excluent réciproquement. Or, l'étendue, qui est la faculté la plus sensible de la matiere, est incompatible avec la pensée. La notion de pensée non-seulement ne renferme pas la notion d'étendue, mais elle l'exclut formellement.

Une pensée étendue, une pensée qui a des parties, une pensée qui a un dessus un dessous & des côtés, une pensée qui peut se diviser, dont on peut prendre le tiers, le quart ou les deux cinquiémes, est quelque chose d'aussi absurde qu'un triangle qui n'auroit que deux angles.

La notion d'étendue exclut pareillement la notion de pensée. Un morceau de matiere qui pense; quelle absurdité! Ou c'est le morceau tout entier qui pense, ou c'est chacune de ses parties. Si c'est le morceau tout entier, en le partageant en deux, je partagerai la penſée en deux. Si c'eſt quelque partie qui a ſpécialement le privilége de pen-ſer, cette partie eſt diviſible, & la difficulté revient.

Dira-t-on que la penſée eſt l'effet de la combinaiſon des parties ? Mais qu'eſt-ce que la combinaiſon ? c'eſt le déplacement des parties. Or, comment eſt-ce que les parties en ſe déplaçant, peuvent acquérir une propriété dont leur premier arrangement étoit excluſif ? Il eſt donc évidemment impoſſible de réunir dans un même ſujet l'étendue & la faculté de penſer.

Vous me dites que je ſuis bien téméraire de vouloir borner la puiſſance de Dieu. Mais eſt-ce donner des bornes à ſa puiſſance, que d'affirmer que Dieu ne ſçauroit faire que la partie ſoit plus grande que le tout, que deux & deux ne fuſſent pas quatre ? Voilà toute ma témérité. J'ôte à Dieu le pouvoir de faire l'impoſſible, & il n'eut jamais ce pouvoir.

Vous dites avec aſſurance : *J'ai un corps & je penſe.* Que prétendez-vous inférer de-là ? Donc c'eſt mon corps qui penſe. C'eſt comme ſi je diſois : j'ai des yeux & je marche ; donc ce ſont mes yeux qui marchent. Je ne m'arrête point à cette folle idée, qui ne peut que rendre fort équivoque le bon sens de son Auteur.

Il se plaint, cet Auteur, de ce que nous ne lui donnons pas des preuves directes & des démonstrations palpables de ce que nous avançons & qu'on nous conteste. Il fait dire à un Personnage de sa façon : « Si ce que tu avances est » vrai, la vérité peut être mise en évi- » dence & se démontrer. Te seroit-il » plus aisé de me réduire que de m'é- » clairer » ?

» Pourquoi, ajoute-t-il, l'immortalité » de l'ame n'est-elle pas démontrée ? » Mais lui qui affirme sa mortalité, d'où vient ne nous en donne-t-il pas des preuves & des démonstrations palpables ? Si ce qu'il avance est vrai, cette vérité peut être mise en évidence & se démontrer. Pourquoi ne nous éclaire-t-il point ?

Preuves de l'immortalité de l'ame.

Comment ose-t-il nous reprocher une faute dont il nous donne l'exemple ? Mais il est faux que nous ne donnions pas des preuves de ce que nous avançons. Dès qu'il est prouvé par l'incompatibilité des Facultés , que l'ame est une substance très-distincte du corps, l'immortalité de l'ame est démontrée ; parce que toutes les substances sont de leur nature immortelles. Elles ne peuvent d'elles-mêmes ni acquérir ni perdre l'existence. Il faut une cause étrangère & toute-puissante pour les créer. Il faut la même cause pour les anéantir. La dissolution du corps que la mort opére , ne détruit que la combinaison accidentelle de la matière. La substance de la matière n'est pas anéantie pour cela.

Il en est de même de l'ame. La mort détruit son union accidentelle avec le corps ; mais l'ame ne périt point pour cela quant à la substance. Il est vrai que Dieu peut anéantir l'ame, parce qu'il l'a créée ; mais quoiqu'il le puisse , ce n'est pas à dire qu'il le fasse. Pour assurer la mortalité de l'ame , il ne suffit pas de sçavoir que Dieu a la puissance de l'anéantir ; il faut sçavoir encore qu'il en a la volonté. Et comment sçaurons nous qu'il a cette volonté , à moins qu'il ne nous le révéle. Attendons donc d'être instruits de cette révélation, avant d'affurer que l'ame meure ; & fi nous fommes Philofophes, difons que l'ame confervera, comme la matière, fon exiftence, à moins que le Créateur n'en ait décidé autrement ; car à l'égard du Chrétien, c'eft un point tout décidé, que jamais Dieu n'anéantira l'ame humaine.

Nous avons tous un fentiment de cette immortalité qui nous agite. L'Auteur que nous venons de citer, l'a éprouvé lui-même ce fentiment ; & voilà pourquoi il dit : « On feroit affez » tranquille en ce monde, fi on n'avoit » rien à craindre dans l'autre...... La » penfée qu'il n'y a pas de Dieu n'a ja- » mais effrayé perfonne.... Sur la pein- » ture que les Ecritures nous font de » Dieu, on feroit tenté de fouhaiter » qu'il n'exiftât pas ».

Toutes ces réflexions marquent beaucoup d'attachement aux plaifirs de ce monde ; elles ne font dictées que par un fentiment involontaire, qui nous garantit l'immortalité de nos ames. Les méchans auroient intérêt, fans doute, que l'ame périt avec le corps ; mais cet intérêt ne change rien à la nature des chofes ; & la Philofophie

n'a jamais admis pour preuve de la
non-exiftence d'une chofe, le defir in-
téreffé que l'on a que la chofe ne foit
pas. Il feroit de notre intérêt, du moins
apparent, que nos corps ne fuffent
point fujets aux maladies & à la mort,
notre vie feroit bien plus heureufe, fi
elle étoit exempte de douleur. Cela
n'empêche pas qu'on n'y fouffre.

Corrollaires de ce qui vient de précéder.

Le monde n'eft donc pas éternel,
la nature humaine ne pouvant avoir
une progreffion fucceffive d'individus
à l'infini ; l'ame eft donc différente
de la matière. Celle-ci étendue & di-
vifible, n'a par elle-même ni intelligence ni action ; celle-là indivifible
& fpirituelle, a au-dedans d'elle-même le principe de fon activité & de
fon inteliigence. Il y a donc une caufe
première qui a donné l'exiftence à tout
ce qui eft.

Cette caufe, principe univerfel &
néceffairement exiftant, c'eft Dieu,
fource infinie de toute perfection, Etre
vraiment immatériel, qui a fait toutes
chofes de rien, & qui peut réduire à

rien toute chofes. Voilà ce qui réfulte
évidemment de tout ce qué nous avons
dit jufqu'à préfent.

Après avoir remonté aux fources
de l'incrédulité, qui prend fon origine
dans l'orgueil de l'efprit & dans la dépravation du cœur ; après avoir détaillé & refuté les faux, les abfurdes
fyftêmes des prétendus Philofophes
ennemis acharnés de la Religion, il ne
nous refte qu'à établir les motifs puif-
fans fur lefquels notre foi fe fonde, en
comparant la foibleffe des moyens que
l'incrédulité employe pour rendre incertaines les chofes les plus averées,
avec ceux que le Chriftianifme met en
œuvre pour donner la garantie de ce
qu'il enfeigne, le Lecteur impartial
trouvera à fe convaincre que le Chriftianifme a en genre de crédibilité des
avantages infinis fur tous les fyftêmes
qu'on lui oppofe. Une carrière immenfe s'ouvre devant moi. Ne défefpérons
pas de trouver les moyens de la fournir.

MOTIFS GÉNERAUX

DE CRÉDIBILITÉ.

L'établissement du Christianisme malgré
les obstacles humainement les plus
insurmontables.

R Ien ne caractèrise mieux la divinité du Christianisme, que les obstacles multipliés qui se font opposés à son
établissement. Obstacle du côté du Paganisme, sur les débris duquel l'édifice de la religion chrétienne devoit
s'élever. On sçait à la honte du genre
humain, les progrès immenses que l'i-
dolâtrie avoit faits de toutes parts.
Presque aussi ancienne que le déluge,
elle n'avoit plus d'autres bornes que
l'univers. Cette corruption générale
étoit devenue en quelque sorte nécessaire pour montrer la foiblesse de la
nature humaine dépourvûe du secours
de la révélation, & pour manifester
plus clairement la divinité du Christianisme par la réforme que son éta-

bliſſement devoit mettre dans les idées humaines.

Ce voile d'idolâtrie qui couvroit la ſurface de la terre, Dieu l'avoit permis pour faire éclater ſa toute-puiſſance; dans le deſſein qu'il avoit formé de tirer les hommes des ténèbres où les avoit précipités l'abus de leur raiſon. Le monde payen devoit oppoſer à ce deſſein des obſtacles inſurmontables à tout autre effort qu'à l'effort du bras de Dieu.

On ſçait effectivement quelle fut la réſiſtance des nations conjurées, pour appuyer le paganiſme contre les aſſauts que lui livroient les premiers Apôtres de la religion. Tous les peuples s'armèrent pour repouſſer leurs attaques. Ils regardèrent comme un œuvre de juſtice & de zèle de montrer l'acharnement le plus déraiſonnable contre les Prédicateurs de l'Evangile, que l'aveuglement de leur eſprit leur repréſentoit comme des ſacriléges & des ſéducteurs.

Ils virent qu'il étoit queſtion de renverſer les autels de leurs Dieux, de détruire leurs temples, leurs ſacrifices, leurs cérémonies, leurs ſolemnités,

d'interdire

folemnités ; d'interdire & d'anéantir leur culte, de dévoiler la fupercherie de leurs arufpices & de leurs oracles, d'abolir en un mot une créance fondée fur la tradition de leurs peres, & autorifée par plufieurs fiécles de poffeffion.

Défabufer des peuples ainfi prévenus, ouvrir leurs yeux fur la folie d'un culte qui ne pouvoit trouver fon crédit que dans un oubli entier des premiers principes de la raifon, la merveille n'eût pas été affez frappante. Il fallut que la politique humaine oppofât à cette grande entreprife des obftacles plus dignes de manifefter la puiffance de fon auteur.

Il fallut que les Empereurs & les Magiftrats fe réuniffent pour faire triompher l'intérêt de l'Etat d'un mouvement qu'ils foupçonnerent propre à occafionner du trouble. Convaincus qu'on ne peut réprimer trop tôt, une nouveauté qui menace d'altérer le culte établi, article délicat qui fembloit ne pouvoir fouffrir de changement, fans que la tranquillité générale fût altérée, à quels excés ne fe portèrent-ils pas, pour empêcher les progrès de l'Evangile.

C

Ils jugerent dans leurs conseils que le Christianisme étoit une peste dangereuse qui en infectant les esprits, devoit bouleverser les nations. Ils employèrent pour l'arrêter, toutes les ressources de leur prudence.

Les chrétiens furent déchus de toutes les charges & de tous les emplois. On leur refusa le droit d'acquerir & d'aliéner, d'avoir action dans les tribunaux de la justice. Tous ceux qui vouloient leur susciter des affaires furent bien reçus.

On fut autorisé à se saisir de leurs biens, à attenter même à leur vie, & à les immoler comme autant de victimes à la sûreté publique. Ce n'étoit encore rien.

Les Prêtres des idoles se liguèrent avec l'ardeur la plus artificieuse & la plus fanatique, pour combattre les Chrétiens. On les vit semer contre eux la prévention & la défiance, inspirer à leurs crédules partisans leurs appréhensions & leurs fureurs, annoncer la vengeance du Ciel, chercher dans les moindres calamités des preuves sensibles du courroux de leurs Divinités outragées.

Une peste, une famine, un tremblement de terre , un incendie, un dé-
bordement des eaux, étoient pour eux
un sujet de s'écrier que la colère des
Dieux étoit marquée, qu'ils redou-
bleroient infailliblement leurs coups,
si l'on ne se hâtoit pas de les désar-
mer, en châtiant les Chrétiens leurs
ennemis implacables. Les Chrétiens
étoient toujours les victimes qu'il falloit immoler pour appaiser la colere
des Dieux.

Aux clameurs des Prêtres effrayés
des dangers qui menaçoient leur autorité, se joignirent les déclamations
des sçavants d'Athènes & de Rome.
Ces orgueilleux Philosophes regardant
comme une ignominie de fléchir sous
le joug de la foi, & d'avouer par cette soumission leur ignorance profonde
dans les choses de religion, inondérent
l'univers de satyres & de libelles contre les Chrétiens , inventèrent toute
sorte de faux raisonnemens & de vaines subtilités, pour décrier l'Evangile
& ses sectateurs, & pour les rendre
aussi méprisables qu'ils étoient haïs.

Les Empereurs , les Magistrats, ex-
cités par ce cri universel, employèrent

C ij

l'effroi des supplices & la cruauté des tortures contre les Chrétiens. Ils épuisèrent sur eux toutes les horreurs que la tyrannie peut mettre en usage. Ils firent dresser par-tout des chevalets, des croix & des échaffauts ; ils multiplièrent les tortures à l'infini. On ne vit de toutes parts que Chrétiens condamnés à mourir par le glaive, & expirer dans les flammes, à essuyer toute espèce de tourmens.

Les Chrétiens exposés à cette persécution générale, en supportèrent le poids avec la plus généreuse constance. Ils vinrent à bout de lasser la rage de leurs persécuteurs ; & l'univers qui n'avoit rien négligé pour les détruire, finit par adopter leur foi. Cette révolution est certaine, elle est connue.

Il est encore plus certain qu'aucune force humaine n'a pû l'opérer, & qu'il n'y a que l'appui d'un Dieu qui ait pû faire triompher les Chrétiens de tous les efforts des sages & des puissans. Ce fait incontestable renverse toutes les prétentions de nos Incrédules.

Envain disent-ils que le Christianisme n'est qu'une aveugle superstition, qui ne doit son ascendant qu'aux préjugés de la naissance, aux vûes politiques de la prudence humaine, à la cupidité de quelques fourbes, attentifs à se prévaloir du penchant des hommes vers la nouveauté, à la protection déclarée & suivie de toutes les puissances de la terre depuis Constantin. Il ne faut que lire l'histoire pour reconnoître la futilité de ces vagues affirmations.

Le Christianisme dans ses commencemens a eu précisément contre lui toutes ces causes sur lesquelles on veut uniquement que son ascendant se fonde. Il a eu contre lui tous les préjugés de l'enfance, & des préjugés dont l'impression étoit d'autant plus vive qu'elle étoit plus ancienne & plus générale. Il a eu contre lui la cupidité des Nations, & le déchaînement des puissances. Il a eu à vaincre tout ce que la résistance d'un univers prévenu & fanatique peut mettre d'opposition à une nouveauté qui renverse toutes les idées anciennes. Ainsi l'ascendant qu'il a acquis, vient nécessairement d'une autre cause que celle dont on fait mention. Qu'on la cherche cette cauſe capable d'opérer un effet ſi merveilleux, & on trouvera que cette cauſe eſt Dieu, & Dieu ſeul.

Mais indépendamment de ces obſtacles, dont l'exiſtence & la force ſont démontrées, des dogmes auſſi incompréhenſibles que ceux du Chriſtianiſme, une morale auſſi auſtère que celle de l'Evangile, ne pouvoient par des moyens naturels réuſſir parmi des hommes attachés à leurs erreurs & eſclaves de leurs paſſions.

Qu'une religion qui n'enſeigne rien que l'eſprit ne puiſſe comprendre, qui n'ordonne rien que la corruption du cœur ne puiſſe adopter, qu'une telle religion réuſſiſſe dans le monde, l'évenement eſt peu merveilleux.

Mais qu'une religion qui choque ouvertement l'orgueil de l'eſprit, qui captive ſans ménagement les convoitiſes du cœur, une religion qui humilie toutes les prétentions de l'homme, qui ſe montre ſupérieure aux lumieres de ſa raiſon, contraire à ſes délices & à ſes penchans; que le Chriſtianiſme, ce mot dit tout, ſe ſoit établi, répandu, perpétué, mal-

les oppofitions que devoient y
faire les raifonnemens de la Philofophie & l'intérêt des paffions : cette
merveille n'a jamais eu d'égale dans
l'hiftoire des hommes. Plus on l'appro-
fondira cette merveille, plus on y
reconnoîtra fenfiblement le doigt de
Dieu fon Auteur.

De quoi s'agiffoit-il en effet ? de
perfuader à des hommes accoûtumés
de tout temps à adorer une foule de
Divinités différentes, qu'il n'y a qu'un
feul Dieu fpirituel & tout puiffant,
principe néceffaire & derniere fin de
tout ce qui eft ; qu'en ce Dieu il y a
unité de Nature, & trinité de Perfonnes réellement diftinctes, dont chacune poffédé également la Nature Divine, fans pourtant qu'il en réfulte
trois Dieux ; que l'une de ces trois
Perfonnes, qu'on nomme le Verbe,
s'eft incarnée, c'eft-à-dire que con-
çue par la feule opération du Saint-
Efprit dans les chaftes flancs d'une
Vierge, le Verbe s'eft fait Chair ; qu'il
en eft réfulté un Dieu-Homme, réu-
niffant dans une feule perfonne la Nature Divine & la Nature Humaine ;
que ce Verbe fait Chair eft né, qu'il

a vécu dans la pauvreté, dans l'humiliation, dans les souffrances ; qu'il s'est anéanti jusqu'à souffrir la mort, & la mort de la Croix ; qu'en cela il a rempli un devoir de justice envers Dieu son Pere, & un devoir de charité envers les hommes ses freres.

Que tous les hommes étoient tombés dans la disgrace de Dieu par la dèsobéissance & le péché d'Adam le premier des hommes, qu'ils ne pouvoient se relever de leur chûte par leurs propres forces ; qu'il leur falloit un Libérateur digne par ses mérites de leur obtenir miséricorde ; que ce Libérateur ne pouvoit être simplement un homme, parce que tout homme étoit pécheur, & qu'il falloit un juste pour intercéder en faveur des coupables ; qu'il étoit nécessaire que ce Libérateur eût un mérite infini, pour réparer l'outrage infini fait à la Majesté de Dieu ; qu'en un mot l'Humanité avoit besoin d'une victime, qui, chargée des iniquités du monde, & capable de les laver dans son sang, rendît à Dieu sa gloire, & aux hommes leurs premiers droits à l'héritage éternel.

Que cette victime ne pouvoit être

que le Dieu - Homme Jesus - Christ, capable de mourir pour l'expiation de nos crimes, & digne par ses mérites personnels de les effacer ; que ce Dieu-Homme, après avoir été crucifié, étoit resuscité par sa propre vertu ; qu'il étoit monté au Ciel à la vûe de ses Disciples ; qu'assis à la droite de son Pere, il avoit laissé aux hommes son Corps à manger & son Sang à boire ; & que la transubstantiation du Pain à son Corps, & du Vin à son Sang, operée par le ministère des Prêtres, étoit devenue l'unique Sacrifice qui dût honorer Dieu & sanctifier le monde jusqu'à la consommation des siécles.

Tel est l'abregé des incompréhensibles mystères qui font la substance du Christianisme. Telle est l'étrange Théologie qu'il a fallu persuader à l'univers. Nous sentons tout ce qu'elle a de révoltant pour notre foible raison ; mais plus ces mistères offensent les idées communes, plus il est étonnant que l'univers se soit soumis à les croire. Elle a été prêchée, cette Théologie étrange, elle a été adoptée, on a bravé les supplices & la mort pour en maintenir la foi.

Quel autre que Dieu a pû assujet-
tir les esprits de la sorte? Quel autre
que Dieu a pû même combiner un pareil systême d'enseignement, & mettre
une liaison si sublime entre des vérités
qui surpassent, qui confondent toutes
nos idées? L'homme seul auroit-il jamais imaginé de pareils misteres? S'il
les avoit imaginés, les auroit-il si bien
liés? S'il les avoit liés, seroit-il parvenus à les faire croire?

Incrédules de nos jours, vous les
rejettez, ces misteres, parce que vous
n'en sçauriez pénétrer la sombre profondeur. Songez donc que le paganisme avoit des sages tout aussi éclairés
que vous pouvez l'être; qu'il y avoit
à Athènes & à Rome des sçavans infiniment plus sçavans que vous. Ils
avoient plus d'obstacles à surmonter
pour se soumettre à ces vérités, que
vous n'en avez à vaincre pour les combattre.

Comment est-il arrivé que de tels
hommes ayent embrassé la foi jusqu'à
en devenir les Martyrs? Cette merveille ne peut s'expliquer qu'en supposant que ces Sages & ces Philosophes ont été forcés de reconnoître que

Chriftianifme étoit l'ouvage de la
toute-puiffante de Dieu.

L'Evangile adopté, confeffé, fou-
nu, prêché, par ceux-là même qui
en étoient déclarés d'abord les ennemis les plus opiniâtres, qui avoient
levé contre lui plus de doutes, &
qui lui avoient fufcité plus de perfé-
cutions; ce miracle eft fenfible, il eft
convaincant. Comment, dit faint Au-
guftin, peut-il y avoir encore des Incrédules, depuis que les Philofophes
ont cru? *Cur ergo Philofophis creden-*
bus, Incredulus ifte non credit.

Si l'incompréhenfibilité des myfteres rendoit naturellement impoffible le
triomphe de la Religion, la févérité
des Préceptes lui oppofoit une difficulté encore plus infurmontable. Le
miracle vraiment difficile à opérer,
étoit la réforme du genre humain.

Tout l'univers étoit corrompu, &
les vices les plus déteftables étoient
non-feulement autorifés, mais en quelque forte confacrés par la Religion
dominante. L'efprit avoit adopté les
erreurs les plus groffiéres, parce qu'elles favorifoient les plus mauvais penchans du cœur. Le cœur avoit été li-

vré au désordre des passions, & ce désordre avoit répandu d'épaisses téné-
bres dans l'esprit.

Il s'agissoit de guérir ce cœur malade, de lui rendre la pureté qu'il
avoit perdue, de captiver l'agréable
liberté dont il jouissoit, de s'abandon-
ner à ses desirs, & de se plonger dans
le sein des voluptés. Si Dieu n'avoit
pas agi intérieurement par sa grace,
tous les enseignemens antérieurs auroient-ils jamais pû persuader aux hommes la morale la plus austère, & la
plus rigoureuse qu'il soit possible d'i-
maginer ; une morale qui contrarie
tous les penchans, qui combat toutes
les passions, qui ne tolère aucun vice,
qui commande toutes les vertus, qui
condamne jusqu'aux imperfections les
plus legéres.

Changer les habitudes, les usages,
les mœurs d'un monde entier ; faire
succéder la régularité à la licence, à
la possession où l'on étoit de tout faire
à son gré, l'obligation de veiller sur
ses actions, sur ses desirs, sur ses pensées même ; ce prodige n'a jamais pû
être l'ouvrage d'une autre main que
de celle de Dieu.

Etabliffement du Chriftianifme opéré avec les inftrumens les moins propres à produire cet effet.

Les obftacles qui ont dû s'oppofer à l'établiffement du Chriftianifme, font une preuve bien fenfible de fa divinité ; mais cette preuve acquiert une force toute nouvelle, quand on y joint les moyens qui ont été mis en œuvre pour établir la Religion.

Saint Paul, l'un des premiers Apôtres de l'Evangile, employa vis-à-vis des Gentils, à qui il le prêchoit, cette feconde fource de perfuafion, en leur faifant remarquer, que Dieu, pour confondre la fageffe du fiécle, s'étoit fervi de ce qu'il y avoit de plus foible, de plus infenfé, de plus méprifable felon le monde.

En effet, dans les principes de la faine Philofophie, il faut néceffairement recourir à l'agent principal & à une caufe fupérieure, toutes les fois que les moyens employés pour produire un effet, n'ont point évidemment la force, productrice de cet effet même. Or les moyens employés pour établir le Chriftianifme, furent non

feulement très-difproportionnés à cette
fin ; mais à les confidérer en eux-mêmes , ils furent moins des moyens que
des obftacles. C'eft ce qu'une fimple ex-
pofition hiftorique va mettre au grand
jour.

Dans le fiécle le plus poli , le plus
éclairé & le plus faftueux, douze hommes de la lie du peuple, fans fortune,
fans talens, fans appui, partent de la
Judée , & n'entreprennent rien moins
que d'opérer dans l'univers une révolution générale, qui foumette les Rois
& les Nations à l'Evangile d'un Dieu
crucifié.

Saint Chrifoftôme nous les repréfente au fortir du cénacle , enyvrés
en quelque forte de l'Efprit-faint, fe
partageant entre eux l'univers ; pé-
nétrant fans autre guide que leur zèle
dans les contrées les plus reculées ; ici
attaquant la Synagogue,là confondant
l'Aréopage , faifant deferter le Porti-
que & le Lycée ; annonçant aux peuples , & nommément aux Philofophes,
le faux de leurs principes , les chimères de leurs Divinités , l'abomination
de leurs facrifices, la fourberie de leurs
oracles , l'impofture de leurs Prêtres

& de leurs Docteurs; exigeant qu'on renverse leurs Temples, qu'on foule aux pieds leurs Idoles, pour adorer un Dieu-Homme, & un Dieu mort sur la Croix.

Saint Chrisostôme adresse la parole à ces hardis réformateurs. Sans doute, leur dit-il, que votre maître en vous envoyant vous a fourni les moyens proportionnés à l'exécution d'un projet si extraordinaire? Point du tout; c'est la réponse vraye qu'il met dans leur bouche; nous n'en connoissons pas d'autre qu'une confiance sans bornes que nous avons en sa parole. Il nous a dit : allez, enseignez toutes les Nations. Nous lui obéissons. Nous allons enseigner l'univers. C'est à lui de faire le reste ; & nous sommes trop instruits de sa Puissance pour craindre que le succès ne suive pas.

Mais sans doute que vous êtes autorisés à attirer des disciples par l'appas des plaisirs, des honneurs & des richesses? Non, nous n'avons au contraire à leur promettre que des croix, des humiliations & la pauvreté. C'est tout ce que nous esperons pour nous-mêmes, c'est tout ce que nous annonçons aux autres.

Mais du moins a-t-il difposé en votre faveur les cœurs des Souverains, dont vous allez lui gagner les fujets ? Non. Il nous a dit que nous ne rencontrerions parmi eux que des tyrans, des perfécuteurs & des fupplices. Du moins il vous a ménagé la fubfiftance pour vous & vos difciples ; il vous a remis de l'argent pour payer & récompenfer la docilité de ceux qui vous écouteront ; il vous a donné des armes pour vous défendre, & pour triompher même de ceux qui entreprendroient de vous réfifter ?

Non, le travail de nos mains, voilà l'unique reffource que nous ayons pour fubfifter. Notre fobriété fervira de modèle à nos difciples. Il nous eft expreffément défendu d'amaffer de l'argent, encore moins d'avoir des armes. Nous devons aller comme des agneaux au milieu des loups.

Il faut donc qu'il ait bien compté fur votre fçavoir faire, qu'il vous ait connu de grands talens, & une éloquence bien fupérieure. Non, il nous a choifis, parce qu'il a bien vû que nous n'avions ni talens ni éloquence. Il nous a interdit toute intrigue, toute

politique, tout artifice ; il ne veut de
nous que notre zèle & notre application à parler simplement & sans art ,
seule fonction dont nous soyons capables.

Ces réponses font un fidel exposé
de la vérité des choses. Les Apôtres
n'ont eu pour eux que leur candeur &
leur constance. Et cependant il est
prouvé que l'évenement a pleinement
répondu à leurs intentions, & que
l'univers est devenu chrétien. Il seroit sans doute très-merveilleux que
leur projet eût réussi, quand même ils
auroient été en état d'opposer puissance à puissance, & de combattre à
égalité de forces le polithéisme domi-
nant ; parce qu'il est toujours fort extraordinaire que ce qui mortifie, l'emporte sur ce qui plaît.

Mais que douze Galiléens, mépri-
sés parmi les Juifs eux-mêmes, n'ayant
pour toute défense qu'une ferme réso-
lution de mourir pour la gloire de leur
Maître, ayent vaincu le pouvoir des
Souverains les plus despotiques, les
intrigues des Politiques les plus rusés,
les subtilités des Sophistes les plus cap-
tieux ; qu'ils ayent changé le monde

qui avoit tant d'intérêt à ne changer pas, la merveille est au-dessus de toute expression.

Quel est en effet le cours ordinaire des choses ? Lorsque le ciel n'intervient pas miraculeusement, la multitude l'emporte sur le petit nombre, le fort triomphe du foible, le sçavant est supérieur à l'ignorant, l'homme armé subjugue l'homme sans défense.

Qu'un Conquérant à la tête d'une armée nombreuse recule les bornes de son empire, qu'un Philosophe par ses raisonnemens subtils accrédite ses systêmes & en impose au vulgaire, qu'un Politique par des mesures adroitement concertées fasse réussir ses projets, qu'on séduise les hommes par l'appas des biens & des honneurs, par l'amorce des plaisirs & des voluptés, rien en tout cela que de très-naturel & de très-ordinaire.

Mais que sans aucun de ces secours, douze pauvres pêcheurs viennent à bout de faire adorer un Dieu crucifié, qu'ils étendent son empire sur mille peuples que les Alexandre & les Césars n'avoient jamais vaincus; qu'ils gagnent à la plus austère des religions

mille fois plus de profélites, que toutes les fectes des Philofophes réunies
enfemble n'en eurent jamais; voilà ce
qui eft tout-à-fait hors du cours ordinaire des chofes; & il faut être bien
aveuglé par fes paffions, pour ne pas
y reconnoître le doigt de Dieu. *Di-
gitus Dei eft hîc.*

Etabliffement du Chriftianifme opéré par les moyens, en apparences, les plus contraires & les plus oppofés.

Quelque chofe de plus merveilleux
encore. C'étoit trop peu pour carac-
térifer la divinité du Chriftianifme,
qu'il ne dût fon établiffement qu'à des
moyens ouvertement difproportion-
nés à cette fin. Dieu a voulu faire fer-
vir à fa propagation les moyens même
qui lui étoient les plus contraires, la
virginité & la mort.

A peine le Chriftianifme comptoit-
il trois fiécles, que tous les deferts de
l'Egypte & de l'Arabie étoient peu-
plés de folitaires affervis aux loix de
la plus parfaite continence. De ces
immenfes folitudes fortirent de nom-
breufes colonies qui allerent dans tou-

tes les parties du monde perpétuer par l'attrait de leur exemple une vertu qui avoit été regardée jusques-là comme impraticable à la foiblesse humaine. Des vierges sans nombre consacrerent à Dieu le précieux tréfor de leur virginité. Une foule de veuves à la fleur de leur âge prirent le parti de renoncer à de nouvelles alliances.

On vit jusqu'à des époux & des épouses se déterminer à vivre en freres & sœurs dans les saints liens du mariage. Rien ne pouvoit être moins propre à la multiplication des chrétiens ; & cependant ces exemples de virginité & de continence ne servirent qu'à faire prendre au Christianisme de nouveaux accroissemens.

La mort même qui détruit tout, est devenue pour le Christianisme un germe de fécondité & de vie. A peine le Christianisme avoit-il pris naissance, que toutes les nations fournirent des persécuteurs acharnés à verser le sang des chrétiens. Quatorze persécutions générales dans l'espace de moins de deux siecles donnerent à Jesus-Christ plusieurs millions de martyrs.

L'on ne voyoit dans ces jours d'horreurs, que croix, chevalets, roues, brasiers ardens destinés par-tout à immoler aux faux Dieux, des chrétiens pour victimes. On se fit de leur tourmens un barbare jeu; on les réserva pour animer la joye des spectacles publics. L'arêne des amphithéâtres ne fut plus rougie que du sang des Chrétiens livrés aux bêtes, & aux coups des gladiateurs. Etre Chrétien, & se dévouer à la mort ne fut long-tems qu'une même chose.

Cependant toutes ces cruautés n'anéantirent point le Christianisme; elles servirent au contraire à le faire connoitre & à multiplier le nombre de ses disciples. Plus on immoloit de Chrétiens, plus il en renaîssoit. Le sang des martyrs devint la semence d'un plus grand nombre de fidèles. Les emprisonner, dit Tertullien, les tourmenter, c'étoit les multiplier.

Il étoit réservé aux incrédules de nos jours d'attribuer ce merveilleux accroissement du Christianisme à l'esprit de fascination & de fanatisme. Peu s'en faut qu'ils ne traitent nos généreux Martyrs de rebelles, qu'on avoit droit de punir; mais qu'on auroit dû punir moins rigoureusement.

Eh quoi ! des hommes qui souffrent la mort avec joie & sans résistance, des hommes toujours soumis aux loix, en tout le reste obéissans à leurs maîtres, & ne refusant d'obéir que sur l'article de leur Religion , qu'il ne pouvoient trahir sans crime ; de tels hommes méritent-ils l'odieuse qualification de rebelles ?

Les anciens Docteurs l'ont judicieusement remarqué. La Religion Chrétienne est la seule qui ait inspiré à ses Disciples cette fermeté de foi que toutes les horreurs de la mort ne pouvoient ébranler, la seule qui ait inspiré du goût pour souffrir, & qui ait fait trouver de l'attrait dans le rafinement de supplice. Et rien ne prouve mieux qu'elle est la seule Religion vraie & divine.

Il n'appartient qu'à la vérité de persuader avec tant de force ; & Dieu seul peut inspirer tant d'amour pour la vérité. L'Auteur des pensées Philosophiques a dit avec sa présomption ordinaire : « Si le fanatisme a eu ses Mar-
» tyrs comme la vraie Religion , com-
» ptons les morts & croyons, ou cher-»

» chons d'autres motifs de crédibi-
» lité ».

Pour justifier cette pensée hardie, il auroit dû nous citer une Secte de Fanatiques établie & perpétuée par le supplice de ses auteurs, toujours humbles, toujours patiens. Qu'il nous la cite, cette Secte, & nous conviendrons que l'exemple des martyrs est un vain motif de crédibilité.

Le miracle sur lequel nous insistons, c'est la religion Chrétienne, environnée de ténèbres dans ses dogmes, & d'épines dans sa morale, prêchée par douze pauvres Juifs, persécutée par l'univers entier, arrosée du sang de la plûpart de ses premiers Disciples, établie pourtant & devenue dominante dans le monde. Le fait est certain, tous les Historiens en sont garants. Le fait est au-dessus des loix de la nature. Le Christianisme a donc Dieu pour auteur.

Etablissement du Christianisme miraculeux par la rapidité de ses progrès.

La rapidité de ses progrès nous fournit encore une nouvelle preuve. En moins de trente années, ses premiers Apôtres vinrent à bout d'arborer l'étendard de la Croix dans toutes les parties du monde connu. Saint Paul lui-même en rend témoignage. Il bénit l'infinie miséricorde de Dieu de ce que la foi évangélique étoit déja annoncée à tous les peuples de la terre. Saint Jean écrivant après lui, se glorifioit de ce que la Religion de Jesus-Christ avoit déja triomphé du monde, & les persécutions suscitées dans toutes les parties de l'univers connu, garantissent la vérité & la promptitude de cette propagation.

Si l'on recuse les Témoins que nous venons de citer, comme suspects, qu'on ouvre les annales de Tacite, on y verra que la superstition des Chrétiens, qu'il nomme exécrable, quoique réprimée par le fer & le feu de toutes parts, s'étoit non-seulement accréditée en Judée où elle avoit pris naissance ; mais qu'après avoir infecté toutes les Provinces de l'Empire, elle étoit parvenue à pénétrer jusques dans le Palais des Césars.

Qu'on lise la fameuse lettre de Pline le jeune, à l'Empereur Trajan, on apprendra

prendra que la Religion des Chrétiens, après avoir fait déferter prefque tous les Temples des Dieux, étoit devenue dans les villes, ainfi que dans les bourgades, non-feulement la Religion dominante ; mais même proprement l'unique Religion.

Qu'on life la difpute de Juftin le Martyr, avec le Philofophe Tryphon, on y verra avancé comme un fait certain & non contefté par Tryphon, qu'il n'étoit pas dans l'univers de Nation connue, civilifée ou barbare, chez qui la Religion n'eût pas déja été embraffée, par le plus grand nombre. Tryphon étoit un incrédule tout auffi déterminé que le peuvent être les prétendus Philofophes de nos jours. Cependant il ne s'avifa pas de répondre à Juftin comme l'Auteur des penfées Philofophiques : « Le merveilleux eft » la raifon du peuple ; & le parti le » plus incroyable, il le prend toujours ». Façon laconique d'éluder en deux mots les objections auxquelles on n'a rien de folide à répondre.

Tertullien oppofa aux Empereurs le progrès merveilleux du Chriftianifme, comme une preuve à laquelle il

D

étoit difficile de repliquer. Il leur fit
le dénombrement des peuples initiés
dans les myftères de la foi , & il af-
fura que l'Empire de Jefus-Chrift s'é-
tendoit bien au-delà de celui d'Alexandre ; que la Croix étoit revérée
dans des climats où l'on n'avoit jamais entendu parler d'Aigles Ro-
maines , & où le nom des Empereurs
& des Céfars n'avoit jamais été pro-
noncé.

Vous nous reprochiez autrefois ,
dit-il , que nous n'étions qu'une poignée de gens étrangers & profcrits.
N'êtes-vous pas actuellement reduits
à vous plaindre , que feuls nous occu-
pons prefque toute l'étendue de l'Empire ; que nous rempliffons tous les
Ordres , tous les Etats , toutes les
conditions , les Ifles , les Provinces,
les Villes & Châteaux , les Tribus,
les Décuries , les Armées , le Sénat
même & jufqu'aux Palais des Empereurs.

Si nous voulions nous féparer de
vous , quel effroi ne vous cauferoit
pas votre folitude ? Vos Temples font
les feuls endroits où l'on ne nous rencontre pas ; auffi ne font-ils plus que

des deferts. Sçachez que lorfque vous abufez de notre docilité pour nous opprimer, nous ferions parfaitement en état de nous faire craindre ; mais les Loix du Chriftiaifme que vous perfécutez, nous arrêtent. Vous voulez le détruire, & lui feul fait votre fureté.

L'oppofition du progrès du Mahométifme à la rapidité de ceux du Chriftianifme.

A ces rapides progrès du Chriftianifme, on objecte que fi cette preuve avoit lieu, il faudroit donc admettre la divinité du Mahométifme, qui n'a pas eu de moins rapides accroiffemens. Il eft très-aifé de répondre à cette difficulté. Elle a été prévenue par l'un des Chefs des incrédules modernes : » Mahomet, dit-il, fut un furieux, un » hypocrite qui prit un couteau fur » l'autel pour égorger des victimes, » qui paya du don de la main de fa » fœur un parricide : le plus grand » fcélérat & le fourbe le plus extrava-» gant de la terre. «

Perfonne n'ignore en effet que Mahomet n'accrédita fon Alcoran infenfé

qu'en portant le fer & le feu dans le
sein de la patrie, en assassinant les peres, comme dit l'Auteur que je viens
de citer, en ravissant les filles, en rem-
plissant tout l'Orient de meurtres &
de carnage. On sçait qu'il ne donna
à sa Religion sanguinaire & volup-
tueuse pour Apôtres que des soldats,
pour articles fondamentaux que des
visions, pour preuves que des glaives
& des supplices.

Quand on prêche une Religion aussi
charnelle que la sienne, il n'est pas
étonnant qu'on lui trouve des Sectateurs ; & quand on la prêche la force
en main, il est tout naturel qu'on lui
fasse beaucoup d'esclaves. Que de tels
principes produisent de tels effets,
rien n'est plus dans le cours ordinaire des choses.

Ce qui doit nous surprendre, c'est
que l'Auteur qui a si bien peint au
naturel le caractère de Mahomet, ajoute quelques lignes après. » Il étoit dif-
» ficile qu'une Religion si simple & si
» sage ne subjuguât pas l'univers, ...
» L'Alcoran étoit mauvais pour notre
» temps. Il étoit bon pour son temps
» & sa Religion encore meilleure ».

Un homme qui n'a point perdu l'efprit ne peut parler de la forte qu'en
fuppofant que la Religion de Mahomet étoit purement une affaire de politique.

Dans cette fuppofition il pourra dire
ce qu'il voudra; mais les Incrédules qui
penfent comme lui, ne feront plus fondés à faire contrafter les progrès du
Mahométifme avec ceux de l'Evangile. Mahomet mit la force & toutes
les paffions de fon côté. Les Apôtres
ont eu contre-eux la force & toutes les
paffions; ainfi à égalité de progrès, le
fuccès de Mahomet n'auroit rien de
furprenant, & celui des Apôtres refte-
roit toujours auffi merveilleux & auffi
inexplicable dans le cours ordinaire des
chofes.

MOTIFS PARTICULIERS

DE CRÉDIBILITÉ.

Divinité du Christianisme prouvée par les Miracles.

ICi revient le dilême de saint Augustin. Où les Apôtres reçurent d'en haut des secours extraordinaires, ou ils n'en reçurent pas. S'ils n'en reçurent pas, comment purent-ils opérer la révolution qu'ils ont opérée? Il est inutile de dire que ce fût politique, séduction, crédulité, fanatisme. Ce ne font-là que de vains mots qui font peu d'honneur à ceux qui s'en fervent. Ils devroient dire quelque chose de moins vague, s'ils veulent qu'on croye qu'ils sçavent ce qu'ils disent.

Si au contraire les Apôtres ont reçu d'en haut des secours extraordinaires, dèslors il est prouvé, qu'ils furent les Envoyés de Dieu. Effectivement le Christianisme est rempli de faits miraculeux, qui attestent & qui certifient leur mission. On les a vûs guérir les

maladies, reſſuſciter les morts, parler toutes les langues à la fois, prédire
l'avenir, pénétrer le ſecret des cœurs,
commander à toute la nature.

On peut comprendre comment des
Thaumaturges de cette eſpéce ont
réuſſi à ſoumettre les hommes à leurs
enſeignemens. Il n'eſt point de cœur
droit qui ne ſe rende au témoignage
d'un maître qui donne pour preuve de
ſes leçons un miracle bien avéré. Les
cœurs même les plus pervers cédent,
avec le tems, ſi les miracles ſe multiplient & ſe ſuccédent. Ce n'eſt que
par le don des miracles que les Apôtres ont pû obtenir de la foi ; & s'ils
l'ont obtenue ſans ce ſecours, leur ſuc-
cès eſt tout-à-fait incompréhenſible,
& le miracle des miracles, dit Saint
Auguſtin.

Des miracles ! s'écrient les Incrédules ; y en a-t-il de réels ? Sont-ils
même poſſibles ? « Tout Paris, dit l'Au-
» teur des penſées Philoſophiques,
» m'aſſureroit qu'un mort eſt reſſucité
» à Paſſi, je n'en croirois rien du tout ».
Le mot eſt déciſif & tranchant ; mais
il n'en eſt pas plus raiſonnable & plus
philoſophique. C'eſt une façon com-

mode de se tirer d'embarras : parler dé
la sorte, c'est marquer non l'amour,
mais la haine de la vérité.

Pour moi j'avoue que si des témoins
oculaires vraiment desintéressés, m'as-
suroient qu'un homme a été vû publiquement mort, étendu dans le cer-
cueil, donnant déja des signes de pu-
tréfaction très - caractérisés, & que
quelques jours après tout un public l'a
vû plein de vie, je croirai que cet
homme a été ressucité.

Les Juifs eurent grand tort d'attribuer les miracles de Jesus-Christ à son
intelligence avec les démons. Ils n'a-
voient qu'à s'en tenir à ne les croire
pas, & à dire avec l'Auteur déja cité :
Tout le monde l'a vû, tout le monde
l'atteste ; mais nous n'en croyons rien
du tout.

Les Historiens Payens ont eu grand
tort de transmettre à la postérité le
souvenir de plusieurs miracles opérés
par les Chrétiens ; il falloit ou n'en
faire aucune mention, ou les traiter
d'impossibilités & de chimères. Comment Julien l'Apostat, cet ennemi du
Christianisme si déterminé, n'a-t-il pas
taxé les miracles qu'on attribuoit aux

Chrétiens, de visions & de folies !
Quoiqu'il en soit, les miracles ne
font point impossibles. C'est borner
audacieusement la puissance de l'Auteur de la nature, que de lui ôter le
pouvoir d'en changer & d'en détruire les loix. Il est bien étonnant que
les mêmes Incrédules, qui nous taxent
d'injustice & de témérité, lorsque nous
avançons que Dieu ne sçauroit donner
à la simple matière la faculté de penser,
s'avisent de disputer à Dieu le pouvoir
de ressuciter un mort. Est-il une preuve plus évidente que cette espéce de
Gens se joue de tous les principes, les
admettant ou les rejettant, selon que
l'intérêt de leur cause le requiert ?

Les miracles sont possibles, ce n'est
pas surquoi la dispute doit rouler.
Y a-t-il eu de vrais miracles, voilà ce
qu'il importe d'examiner & d'éclaircir?
La résurrection de Jesus-Christ, telle
qu'elle est racontée par les Evangé-
listes, est un vrai miracle. Je ne m'arrêterai point à prouver cette vérité.
Qu'un homme mort sur la Croix par
l'effusion de tout son sang, reste trois
jours dans le tombeau, & qu'il en
sorte ensuite plein de vie, ce miracle

D v

eſt au-deſſus de toute contradiction.

Mais le fait eſt-il tel qu'on le raconte ? Je le crois, & j'ai les plus fortes raiſons de le croire. Il n'eſt pas poſſible que les Apôtres ayent eu la vûe aſſez trouble & l'eſprit aſſez égaré pour ſe laiſſer tromper à l'apparition d'un vain fantôme. Ils ont vû leur Maître pendant quarante jours après ſa mort. Ils ont voyagé, converſé, mangé avec lui, comment pouvoient-ils s'y méprendre ?

Le tombeau de Jeſus étoit gardé par des Soldats que Pilate y avoit mis, à la priere des Juifs. Ces Soldats ont déclaré qu'ils s'étoient endormis, & que les Apôtres avoient enlevé le corps de leur Maître pendant leur ſommeil. Mais ou ces Soldats ont vû l'enlevement, & dès-lors ils ont dû l'empêcher ; ou ils ne l'ont pas vû, & dès-lors ils ne peuvent en rendre témoignage.

D'ailleurs les Apôtres juſques-là timides, déſerteurs & parjures, les Apôtres qui avoient tous pris la fuite, au moment de la détention de leur Maître, ont-ils pû devenir auſſi intrépides à point nommé ? Et pour quel intérêt ? Pour un impoſteur, qui ne leur

avoit donné jusques-là que des espérances sans effet, & dont l'ignomi-
nieuse mort dévoiloit à leurs yeux la
supercherie de ses promesses, & la duperie de leur crédulité.

Se peut-il que des hommes si dou-
loureusement trompés ayent poussé le
fanatisme jusqu'à vouloir faire tomber
tout l'univers dans le même piége, &
jusqu'à sacrifier leur vie, par leur en-
têtement à poursuivre ce projet extra-
vagant ? Se peut-il que de tels hommes interrogés séparément, exposés
aux menaces & aux sollicitations,
ayent persisté uniformément à soutenir un fait faux, sans jamais se démentir & se contredire ?

Se peut-il que ces hommes, après
avoir formé eux-mêmes les premiers
doutes contre la Resurrection du Sauveur, après l'avoir vivement contes-
tée, en protestant qu'ils ne croiroient
point, s'ils ne voyoient pas, se soient
ensuite laissés surprendre ; qu'ils ayent
entraîné une multitude infinie dans
leur illusion, au point de s'en faire
suivre avec joye dans les prisons &
sur les échaffauts ?

Quels hommes, si cela est, que les
D vj

Apôtres ! Hommes les plus tremblans & les plus intrépides, les plus naïfs & les plus artificieux, les plus dépourvus de connoiffances & les plus fublimes dans leurs idées ; les plus fcélerats & les plus irrépréhenfibles, les plus groffiers & les plus politiques. Quel affortiment de vertus & de vices, de talens & d'ineptie ? Voilà ce qu'il faut que l'on adopte, pour réjetter le miracle de la Réfurrection du Sauveur. L'Incrédule adoptera tout ce que l'on voudra, pourvû qu'on le difpenfe de croire. Eft-ce là de la Philofophie ?

Divinité du Chriftianifme réfultante des Ecritures révélées.

Les ennemis de la Religion ont attaqué les prophêties qui l'annoncent, & l'autorité des livres faints qui renferment le dépôt de la révélation. Il falloit bien en venir là, pour foutenir leur abfurde fyftême. Je vais leur répondre en peu de mots. J'annonce que je ne ferai qu'effleurer la matiere ; & ceux qui voudront l'approfondir, pourront confulter une foule de bons ouvrages, où elle eft traitée de la maniere la plus fatisfaifante.

Premierement de l'authenticité des Livres saints.

J'obferverai d'abord, qu'indépendamment du témoignage des Ecritures, les preuves que nous avons vûes jufqu'à préfent, font plus que fuffifantes pour convaincre l'Incrédule, s'il avoit de la bonne foi. Les Ecritures ne font proprement néceffaires que pour décider les points controverfés entre le Juif & le Chrétien, le Catholique & l'Hérétique, qui reconnoiffent l'authenticité de Livres faints.

Vis-à-vis des Incrédules, ces Livres ne peuvent être cités que comme les plus anciens monumens hiftoriques, qui ont une autorité fupérieure à tout ce qu'on pourroit oppofer pour infirmer la vérité des faits. Ces monumens n'ont rien de favorable à la fauffe Philofophie du fiécle. Auffi fait-elle les plus grands efforts pour leur enlever leur crédit.

Elle ne veut point d'une hiftoire, où il eft parlé de la Création du Monde, de la Formation d'un premier Homme, de fa chûte, de fon châti-

ment, d'un culte auſſi ancien que le
monde, & toujours le même quant au
fond, d'une infinité de miracles qui
décelent les vûes & les diſpoſitions de
la Providence; miracles plus ou moins
fréquens ; mais toujours opérés avec
éclat, & donnés pour preuve de ce
qu'on avance. Hiſtoire dont le ſtyle
ſimple & impartial répand ſur toutes
choſes un très-grand jour ; un jour ſi
beau, qu'on ne trouve rien ailleurs qui
lui reſſemble, & que ſans lui l'état de
l'homme ici-bas devient de toutes les
énigmes la plus impénétrable.

Ces livres forment un aſſemblage
de preuves bien accablant pour l'Incrédule. Auſſi avance-t-il avec ſa préſomption ordinaire, qu'ils n'ont pas
l'ancienneté qu'on leur attribue ; qu'ils
ont au moins été altérés ; qu'ils renferment des récits abſolument incroyables, des faits ou ſuppoſés ſans récla-
mation, ou contredits par des auteurs
non ſuſpects.

Dire que les Livres ſaints n'ont pas
l'ancienneté qu'on leur attribue, c'eſt
déclarer qu'ils ne ſont ni de Moïſe,
ni d'aucun des auteurs, ſous les noms
deſquels ils ſont parvenus juſqu'à nous.

Ce font là de ces allégations qui ne
coûtent rien à nos prétendus Philoſophes ; mais il ne faut de notre part
qu'une ſimple négative pour les mettre en défaut. C'eſt à eux de prouver
ce qu'ils avancent.

Si ces Livres qu'on a cru juſqu'ici
de Moïſe, n'en font pas, on eſt ſans
doute en état de nous nommer leur
auteur : qu'on ſe hâte donc de nous
le faire connoître. Une ſi belle découverte eſt trop intéreſſante pour la diſſi-
muler ; & l'univers ne ſçauroit la payer
trop cherement. Juſqu'à ce qu'on nous
ait ſatisfait ſur ce point ; juſqu'à ce
qu'on nous ait nommé les Auteurs qui
ont écrit ces Livres, & déſigné les tems
auſquels ils les ont écrits, nous jouï-
rons de la poſſeſſion où nous ſommes.

Mais, ajoute-t-on, quand même
ces Livres auroient été faits par ceux
à qui on les attribue, quelle ſureté a-
t-on qu'ils n'ont pas été altérés ? Je
réponds que de pareils doutes ne mè-
nent à rien, & qu'il s'agit de produire
les raiſons qu'on a de douter. C'eſt à
nos adverſaires à nous dire, quand eſt-
ce que ces Livres ont été alterés ?

Seroit-ce du tems de Moïſe ? Mais

nous lisons qu'il a frappé d'anathême quiconque entreprendroit d'y faire la moindre addition ou le moindre retranchement.

Cette altération s'est faite dans tous les exemplaires à la fois, ou séparément dans quelques-uns. Qu'on les ait alterés tous à la fois, la chose est impossible ; il ne peut pas se faire que dans une Nation entiere, on ait concerté le projet de corrompre universellement ces Livres, sans que personne s'y soit opposé.

S'ils n'ont pas tous été alterés à la fois, il est donc resté des exemplaires sans altération, & dèslors on a été en état de juger par la non-conformité des uns, de l'altération des autres. Ces livres ont été mis en dépôt entre les mains d'un peuple très-jaloux de les conserver dans leur pureté. Ils renfermoient les détails de leurs devoirs civils & de Religion, de leurs Coûtumes, de leurs Pratiques , de leurs Observances, de leurs Titres même les plus précieux.

L'expérience nous montre que parmi les Chrétiens, on ne souffriroit pas la plus legére altération dans les paro-

les du Nouveau Testament. Les Musulmans eux-mêmes, quoique non-let-
trés par principe de Religion, ne per-
mettroient pas qu'on fît le moindre
changement au texte de leur Alcoran. Comment les Juifs aussi attachés
& plus attachés que les autres peuples au texte de leurs Ecritures, auroient-ils consenti à en laisser cor-
corrompre la pureté?

Dira-t-on que cette altération s'est
faite par succession de temps & dans
certaines circonstances favorables ,
dans des occasions de trouble & de
transmigration , peut-être au retour
de la captivité de Babilone , où les
Juifs n'étoient plus Juifs que de nom ?
Il est aisé de répondre à ces doutes
vagues, qu'il est prouvé que les ori-
ginaux des Livres saints ont toujours
existé ; que dans tous les temps il y en
a eu grand nombre d'exemplaires en
différentes mains. On a vû la Nation
Juive divisée en deux sectes rivales
& ennemies. Si l'une des deux avoit
alteré le texte sacré, l'autre n'auroit pas
manqué de reclamer.

Ose-t-on se prévaloir de la découverte qui fut faite sous le règne de
Josias, d'un exemplaire des Ecritures?

Mais que prouve-t'on par-là ? Cet exemplaire ne pouvoit contenir les Prophêties poſtérieures à la date de la découverte de cet exemplaire ; & cependant elles ont un rapport ſi direct avec celles que cet exemplaire contenoit, que cette liaiſon devint une nouvelle preuve du dépôt des Ecritures conſervé ſans altération.

L'objet que je me ſuis propoſé ne me permet pas d'entrer dans une diſcuſſion plus étendue de cette controverſe, je renvoye aux livres qui en ont traité ſpécialement. J'obſerverai ſeulement que lorſque du temps de Joſias, le grand Prêtre Eliacim trouva l'exemplaire cité, l'effet que produiſit cette découverte, prouve à la vérité qu'alors les copies étoient devenues rares ; mais elle ne prouve nullement que cet exemplaire fût de l'invention du grand Prêtre. Il auroit fallu que les Juifs n'euſſent conſervé aucune trace de leur Loi, pour qu'un pareil artifice pût leur en impoſer.

En un mot, on ne perſuadera jamais à perſonne que le peuple le plus jaloux de ſes traditions, ait ſouffert qu'on touchât à des points qui intéreſſoient eſſentiellement ſon culte ; tandis qu'on voit les Nations les plus groſſières montrer à cet égard la délicateſſe la plus ſuperſtitieuſe. C'eſt ne pas connoître les Juifs que de leur attribuer une ſi grande indifférence pour le texte littéral des Ecritures, eux qui en firent toujours l'objet de leur plus ſcrupuleuſe vénération.

Si les Juifs avoient été capables d'y laiſſer altérer quelque choſe, ç'eût été ſans doute relativement à une foule de traits humilians pour leur nation. Ils auroient retranché le récit odieux des durs reproches que le Seigneur leur avoit faits, des ingratitudes, des prévarications, des crimes & des forfaits de leurs peres.

Mais non, dit ici l'Auteur des penſées philoſophiques, les Juifs étoient aſſez follement vains pour ſe laiſſer ainſi peindre ſous les traits les plus odieux ; aſſez dédommagés à leur gré de leur diffamation, par l'attention qu'on avoit eu de fournir à Dieu dans l'alternative continuelle de leurs ingratitudes & de leur retour vers lui, de quoi n'être perpétuellement occupé que d'eux ſeuls ; c'eſt-là encore une mauvaiſe plaiſanterie, qui n'aura jamais auprès des gens ſenſés le mérite d'un vrai raiſonnement.

En ſuppoſant que les Ecritures ayent été altérées, il faut que cette altération ait eu lieu ou avant ou après Jeſus-Chriſt. L'un & l'autre eſt également impoſſible. Si l'altération a précédé la venue de Jeſus-Chriſt, ce cenſeur rigide qui ne paſſoit rien aux faux Docteurs de la Loi, qui ne leur épargnoit aucun des reproches qu'ils avoient mérités, & qui s'attachoit ſans ceſſe à démaſquer leur hipocriſie n'auroit pas manqué de leur reprocher que l'Ecriture, qu'ils lui citoient ſans ceſſe pour le combattre, avoit été altérée par leurs prédéceſſeurs.

Les Apôtres du Sauveur perſécutés & maltraités par la Synagogue, n'auroient-ils pas eu recours à ce reproche, pour infirmer ſon autorité, & détruire ſon crédit? Si l'altération a été faite depuis la venue de Jeſus-Chriſt, elle n'a pû être faite que par les Juifs ou les chrétiens, qui n'auroient pas manqué de ſe la reprocher mutuellement, vû l'oppoſition invincible qui regne ent'reux. Voilà de quoi combattre tous les doutes qu'on voudroit élever à ce sujet. Je dis les doutes, car on n'a jamais trouvé de raisons.

Il y a sans doute quelque livres de l'ancien Testament qui ont pû se perdre. Cette perte dans une si longue suite de siecles, & après tant de révolutions n'auroit rien de bien étonnant. Il peut même s'être glissé dans les livres qui nous restent quelques fautes peu essentielles qui sont évidemment la suite de l'inattention des copistes. Mais assurément ces fautes ne changent rien à la substance des choses; & c'est un soin de providence très-marqué, que ces livres, qui ont passé par tant de mains, soient parvenus jusqu'à nous si peu défectueux.

Tels que nous les avons ils renferment une chaîne d'évenemens qu'il est bien difficile de rompre, & qui ne peut subsister sans que l'on y reconnoisse la main de Dieu qui agit miraculeusement dans toutes les circonstances. Enfin c'est une chose tout-à-fait sans conséquence que dans le grand nombre de textes de l'ancien Testament qui sont cités dans le nouveau, il y en ait un ou deux qu'on ne retrouve point dans les copies qui nous restent de l'ancien Teſtament ; que dans quelques autres textes en petit nombre; le nouveau & l'ancien Teſtament ne s'accordent pas entierement quant aux termes, avec les citations qu'en ont faites les auteurs du nouveau.

Ces petites différences ne donnent aucune atteinte à l'autorité des livres des deux Teſtamens. L'harmonie de l'un & de l'autre, leur rapport & leur connexion, ſi on les compare du côté eſſentiel, & relativement au ſyſtême des vérités qui y ſont établies, prouvent évidemment qu'ils ont été à l'abri de toute altération quant à la ſubſtance.

Cette liaiſon frappante n'a pû être l'effet du hazard, encore moins le fruit d'une imagination livrée aux enthouſiaſmes de commande. Il ne peut pas ſe faire que tant d'Ecrivains éloignés les uns des autres, ayent été animés du même eſprit, qu'ils ayent pû, par le ſeul effet de leur imagination, lier enſemble des événemens qui rempliſſent l'eſpace de trente ſiécles.

Il eſt impoſſible que les uns ayent prédit préciſément ce qui devoit arriver, & que les autres ayent détaillé l'accomplissement des prédictions; que des hommes qui ne se font jamais ni vûs ni connus, ayent pû si bien se concerter ensemble, & qu'un édifice construit au hazard, par tant de mains différentes, se soit élevé avec des proportions si justes, & une solidité si ferme.

Au reste, l'autorité des Ecritures n'est point telle, que si en les lisant on vient à rencontrer quelque texte difficile & embarrassant, on ne puisse à son égard faire usage de sa raison, employer même les loix de la plus sévere critique. L'objet est trop interressant, pour ne pas prendre toutes les précautions raisonnables qui peuvent faciliter le discernement du vrai ou du faux.

Ce qu'on doit s'interdire, & ce que la faine raison défend, c'est de ne point se presser de tirer avantage d'un texte embarassant, au préjudice du fond de la Religion. Ce qu'on doit faire alors, c'est d'user sagement de ses lumieres, pour éclaircir des textes qui paroissent obscurs, pour concilier des textes qui semblent contradictoires ; c'est de se persuader, à l'exemple des anciens Docteurs de l'Eglise, bien autrement Philosophes que ceux qui aujourd'hui ambitionnent ce nom, que l'obscurité des textes cache quelque mystère dont la connoissance nous importe peu, ou que le Seigneur a voulu voiler pour un tems.

C'est, au cas que l'obscurité des textes jettât l'esprit dans quelque trouble, de recourir à Dieu, selon le précepte de ces Ecrivains mêmes, pour en être éclairés, & ensuite à l'Eglise, interpréte en dernier ressort, & juge infaillible du vrai sens des Ecritures.

Et qu'on ne dise pas que pour éluder une difficulté embarrassante, j'en fais naître une autre, dont la discussion produiroit un plus grand embarras. On m'objectera que je tire toute l'autorité de l'Eglise du témoignage des Livres saints, & que je fais dépendre l'autorité des Livres saints de l'enseignement de l'Eglise ; qu'ainsi je fais, sous différens noms, un double emploi de la même autorité, ce qu'on nomme en terme d'école, le cercle vicieux.

Mais si l'on veut bien y faire attention, on verra que cette difficulté qui
paroît

paroît spécieuse, n'est tout au plus qu'apparente. L'Eglise il est vrai, n'a d'autre autorité que celle qui lui est assurée par les Livres saints ; c'est-à-dire , que l'Eglise trouve dans les divines Ecritures, les témoignages qui l'ont annoncée bien avant qu'elle fût ; qui l'ont établie au moment qu'elle a pris naissance , & qui constatent ses droits pour tout l'avenir.

Telle est l'autorité que l'Eglise tire des Livres saints. Son droit d'enseignement & l'infaillibilité de ses décisions, sont fondés sur les Oracles que ces Livres renferment. Il est donc naturel qu'elle use de ces priviléges lorsque l'occasion le requiert. Une fois qu'elle est établie juge de toutes les contestations en matière de Religion par les Ecritures, s'il s'éleve des doutes & des disputes contre le sens de ces Ecritures mêmes , ou contre l'autenticité de quelques-uns des Livres qui en composent le canon ; c'est à l'Eglise à en décider.

Chargée de conserver dans son intégrité le dépôt de foi contenu dans les Ecritures, il faut qu'elle juge du sens vrai de chacun des textes , & à cela il

n'y a ni cercle vicieux, ni double emploi de la même autorité.

Tous les jours un Législateur après
avoir fait des loix, établit un corps de
Magiſtrats pour juger en conſéquence
de ces loix, pour les interpréter même
dans le beſoin. Si un Plaideur condamné
à ce tribunal, s'aviſoit d'oppoſer à la ſen-
tence prononcée contre lui, qu'on a fait
un double emploi de l'autorité, & un
cercle vicieux, que le Juge ne peut juger le ſens de la Loi, parce qu'il ne tient
ſon autorité que de la loi même, on ſe
riroit de ſa pointilleuſe ſubtilité, &
l'Arrêt n'auroit pas moins ſon effet.

Secondement , de l'accompliſſement inconteſtable des Prophéties.

Il ne me reſte qu'à examiner le dernier motif de crédibilité : ce ſont les
Prophéties. Et d'abord je me rappelle
l'eſpèce de dériſion que l'Auteur des
Penſées Philoſophiques, tant de fois
cité, a voulu faire de ce qu'on nomme
Prophête.

C'eſt en parlant de Mahomet qu'il
s'exprime de la ſorte : « Il n'y avoit
» pas grand mal qu'à cent vingt-quatre

» mille Prophêtes qu'il faisoit connoî-
» tre à ses Musulmans , on en ajoûtât
» un de plus. Les hommes ont besoin
» d'être trompés ». Il falloit bien s'attendre que les Incrédules ne laisseroient point tranquillement la Religion en possession du don de Prophétie. Mais enfin, sans nous laisser éblouir
par le tour plaisant , mais peu délicat ,
qu'ils sçavent donner aux choses ; examinons les sensément & de bonne foi.

Les Prophéties qui justifient notre
créance , ont été une sorte d'histoire
anticipée de différens événemens , qui
étoient cachés dans l'obscurité de l'a-
venir. Cette histoire étoit exacte , ar-
ticulée & précise. Elle n'avoit rien de
commun avec l'ambiguité des oracles
du Paganisme, toujours exprimée en
termes obscurs & énigmatiques.

Ces Prophéties n'étoient point un
artifice de politique suggeré par les
intérêts des Souverains. Les Grecs
eurent raison d'accuser leurs oracles
de *Philipiser ;* mais jamais les mauvais Rois d'Israël & de Juda ne purent parvenir à mettre le mensonge
dans la bouche des Prophêtes du Seigneur.

La preuve certaine que nos Prophêtes n'étoient pas des fourbes à gage, des imposteurs gagnés pour séduire le peuple : c'est que toujours ils prophétiserent en public, que l'enthousiasme prophétique les prennoit lorsqu'ils s'y attendoient le moins, & que les événemens n'ont jamais manqué de répondre de point en point à leur prédiction.

Loin d'être les esclaves des Princes, & les instrumens de leur politique, ils ne leur annonçoient, le plus souvent, que des vérités dures & peu satisfaisantes. On les menaçoit, & ils n'en exerçoient pas avec moins d'intrépidité leur ministère. On les persécutoit, on les emprisonnoit, on poussoit même quelquefois la rigueur plus loin, & la vérité n'étoit jamais captive dans leur bouche.

Ce n'étoit donc point de leur part une profession, un art dans lequel on ne réussit qu'à proportion de ses talens & de ses études. L'esprit de Dieu s'emparoit d'eux sans avertissement, & alors eux-mêmes sans préparation dévoiloient l'avenir, comme un secret qui leur échappoit.

Quoique la pureté de leur conduite répondît communément à la sainteté
de leur ministère, cela n'étoit pas toujours ainsi. Balaam prophétisa, quoiqu'il fût du parti des ennemis du Seigneur; & Jonas fut d'abord infidèle
à la voix de Dieu, qui l'avoit choisi,
pour annoncer ses volontés à Ninive.
Les Prophêtes avoient quelquefois le
don de Prophétie habituel; d'autres
fois ils n'en étoient doués que pour
un temps, & dans certaines circonstances.

Dieu prenoit les Prophêtes tantôt
dans les plus abjectes conditions, tantôt dans les états les plus distingués.
Daniel & Isaie étoient enfans des
Rois, & David étoit Roi lui-même.
Etre Prophête, c'étoit marcher plutôt
dans les voyes de la tribulation, que
dans celles de la fortune. Il ne tint
pas à plusieurs Princes impies que
quelques-uns des Prophêtes ne fussent
les victimes de leur zèle.

Elie n'évita la mort que par des
miracles réiterés de terreur. Ezéchiel
ne mangea qu'un pain détrempé
dans l'amertume & dans les larmes. Michée fut confiné dans une

étroite prison. Jérémie & Baruch es-
suyerent des perséutions de toute espèce. Zacharie fut lapidé. Isaïe, après
avoir souffert long-temps les insultes
du peuple, fut condamné à la mort
la plus cruelle.

Tous ces Prophêtes ont prédit de
la maniere la plus détaillée, la naiss-
sance, les progrès, le triomphe du
Christianisme. Les circonstances des
temps & des lieux, rien ne leur a
échappé. On croiroit qu'ils ont fait
plutôt une histoire qu'une prédiction.
Jesus-Christ objet principal de toutes
les Prophéties, a paru précisément au
temps qu'elles ont marqué.

L'époque de sa naissance étoit si
clairement exprimée dans les Prophéties, qu'au moment de qu'il est venu
au monde, les Juifs, les Romains
mê.nes s'attendoient à voir paroître
dans le monde un homme extraordinaire, dont la Judée devoit être
le berceau. Selon le témoignage de
quelques Auteurs même Payens, Ves-
pasien & Tite ne durent leur éleva-
tion sur le trône des Césars qu'à cette
persuasion générale. Les courtisans &
les flatteurs du Roi Herode amuserent

son amour propre, de l'idée qu'il étoit cet homme qu'on attendoit. Divers imposteurs voulurent se donner pour ce désiré des nations : tels furent Simon le Magicien, Menandres, Théodonas & quelques autres.

Les Juifs se trompoient à la vérité sur la nature du règne de ce Messie promis ; mais aucun d'eux ne se méprenoit sur la réalité de son règne, & sur la proximité de son avènement. S'ils n'avoient pas eu tant d'aveugles préventions, qui prennoient leur source dans leur desirs charnels, ils auroient reconnu dans Jesus-Christ tous les caractères du Libérateur qu'ils attendoient.

Il en avoit les droits & la grandeur. Sorti du sang de David, & légitime héritier de son trône, il commença à manifester sa gloire par des prodiges éclatans, avant même d'entrer dans la carrière laborieuse de ses fonctions. A peine eut-il fait les premiers pas dans cette carrière, que les miracles se multiplièrent à sa volonté, & qu'il ne fut plus question que du ministère de cet homme puissant en œuvres & en paroles.

Annoncé avant que de naître, son attente fut durant plusieurs siécles le grand objet des vœux, des espérances & de la Religion des Juifs. Daniel fixa l'époque précise de son avènement. Il le nomma par son nom. Il décrivit avec la plus grande exactitude les horreurs de sa mort, les terribles suites de cette mort, la destruction de Jérusalem & de son Temple, la dispersion des Juifs, & la désolation perpétuelle du peuple qui devoit l'immoler à ses préjugés.

Isaïe avoit parlé de lui, comme un Histtorien témoin oculaire de ses actions auroit pû le faire, sans omettre aucune circonstance de ses actions & de ses miracles. Tous les traits de sa vie mortelle, nous les retrouvons encore dans les écrits des Prophêtes anciens.

Le caractère & la mission de son Précurseur, sa naissance à Bethléem, l'apparition de l'Etoile, l'arrivée des Mages, leurs adorations & leurs présens, sa fuite en Egypte, le massacre des Innocens, la vocation de ses Apôtres, leur ministère, leur dispersion au moment que Jesus est dans les fers, la trahison de Judas & le genre particu-

lier de fa mort ; les horreurs qui pré-
cédent, qui accompagnent, qui fuivent le fupplice du Sauveur, les prodiges qu'il fait fur la Croix, fon tombeau devenu glorieux, fa defcente aux
enfers, fa Réfurrection après trois
jours, fon Afcenfion dans le Ciel, la
defcente du Saint-Efprit fur les Apôtres, l'établiffement de fon Eglife, fa
vifibilité, fon infaillibilité, fa perpé-
tuité : tous ces faits font auffi clairement décrits dans les oracles de l'ancien Teftament que dans l'hiftoire du
nouveau.

Il eft vrai que les faits liés & fuivis
dans le nouveau Teftament, fe trouvent dans les Livres Prophétiques de
l'ancien, quelquefois féparés, & fou-
vent comme ifolés. Ils y font même
quelquefois relatifs à des faits tout-à-
fait étrangers à l'hiftoire du Meffie, &
dont l'accompliffement a précédé fa
venue de plufieurs fiécles. La lettre
cependant décèle alors un double fens,
& offre une énergie qui n'eft pleinement
dévoilée qu'autant qu'on recule l'application de ces Oracles à des tems
plus éloignés, & qu'on les approprie
au Meffie, en qui feul ces Prophéties

à double sens devoient s'accomplir
dans toute leur plénitude, n'ayant eu
jusqu'à son avènement qu'un premier
accomplissement imparfait, qui en laif-
foit toujours un fecond plus entier à
attendre & à defirer.

Cette preuve de la divinité du Chriftianifme eft fans replique; elle tire fa
force de l'aveu même de fes ennemis.
Les Juifs admettoient toutes les Prophéties; ils ne conteftoient que l'application qu'on en faifoit à Jefus-
Chrift. Les Payens au contraire re-
connoiffoient la juftesse de cette application; mais ils prétendoient que
les Prophéties avoient été ajuftées
après coup aux principaux traits de
la Vie de Jefus-Chrift.

Ainfi ils travailloient les uns & les
autres fans le vouloir, à établir la divinité du Chriftianifme. Les Juifs en
rendant témoignage de l'ancienneté
des Prophéties; les Payens en recon-
noiffant la juftesse de leur application.

Les Juifs eurent des Prophêtes, &
il falloit qu'ils en euffent. Il leur en
falloit pour leur annoncer dès les commencemens qu'ils formeroient un grand
Peuple & un corps de Nation féparé.

Il leur en falloit pour les tenir étroitement unis, & pour affermir le mur qui
les séparoit d'avec les incirconcis qui les
environnoient de toutes parts. Il leur
en falloit pour fixer leur Culte & leurs
Loix. Il leur en falloit pour consigner
d'avance dans leurs monumens publics les caractères du Rédempteur
promis ; caractères qui devoient demeurer obscurs & incompréhensibles
jusqu'au moment de sa venue.

Contraste avantageux entre les vrais & les faux Prophêtes.

L'Incrédule dira sans doute qu'on n'a
donné aux Juifs des Prophêtes, que
pour les opposer aux devins, aux augu-
res, aux oracles, aux magiciens de la
Gentilité. » Dieu, dit l'Auteur impie
» du discours des fondemens de la Reli-
» gion, établit chez les Juifs une suc-
» cession de Prophêtes, qui devoient
» leur tenir lieu des Devins du Paga-
» nisme : ensorte que leur office con-
» sistoit proprement à découvrir les
» effets perdus, & à dire la bonne
» avanture à ceux qui s'addressoient à
» eux ; afin qu'ils n'eussent pas re-

» cours dans leurs fantaifies à des étran-
» gers. «

Celui qui a parlé de la forte n'attachoit vraifemblablement aucune idée
réelle au terme de Dieu ; finon il a dit
une impièté groffiere , qui annonce
ou un efprit très-infenfé , ou un cœur
très-fcélérat. D'ailleurs il faut avoir
perdu tout fentiment d'équité pour
confondre les Prophêtes des Juifs avec
les Charlatans du Paganifme. Le Peuple chez les Juifs étoit naturellement
fuperftitieux à l'excès. Le goût du
merveilleux y étoit pour le moins auffi
vif & auffi général que parmi les Gentils : témoin le penchant opiniâtre des
Enfans d'Ifraël vers l'Idolâtrie, la demande & l'adoration du Veau d'Or
dans le défert, les retours perpétuels
de la Nation au Culte prophane des
Incirconcis, les Bois facrés , les hauts
Lieux , objets chers à la fuperftition
des Juifs, que leurs Rois même les
plus zèlés ne purent jamais parvenir
à détruire entiérement.

Si les Prophêtes n'avoient été ,
comme les Devins qu'on leur compa-
pare, que des Charlatans deftinés à
contenter les fantaifies du peuple, ils

auroient cédé au torrent, & se feroient prêtés aveuglément à tous les goûts de la Nation. Ainsi en usoient les faux Oracles du Paganisme. Ils admettoient toutes les Divinités que l'habitude avoit mises à la mode. Ils s'accommodoient aux cérémonies & aux mystères accrédités dans les différens Pays. Ils approuvoient tout ce qui étoit du goût des Peuples qu'ils avoient choisis pour dupes de leurs supercheries.

Tout leur art consistoit en feintes inspirations, en contorsions frappantes, en gestes, en mouvemens convulsifs. Ils trouvoient leur succès dans beaucoup de complaisance pour les défauts populaires, & principalement pour les vûes & les entreprises des Souverains. Aussi les gens les plus spirituels voyoient l'imposture cachée sous ce masque d'entousiasme. Ils nommoient sans s'y tromper, le Prince qui inspiroit la Pithonisse, & les autres marchands d'Oracles.

Au contraire, parmi les Juifs, les Prophêtes attentifs à mener une vie irréprochable, & à se rendre inaccessibles à toute espèce de séduction, n'avoient aucun égard aux goûts & aux préjugés du peuple. En parlant à leurs Souverains, ils parloient avec respect, mais sans flatterie. Ils s'annonçoient pour les envoyés de Dieu, & leurs discours n'étoient presque jamais que des menaces, des reproches, des vérités desagréables, des ordres prononcés avec une sainte liberté.

L'Incrédule prétend que ce systême n'en étoit que plus adroit ; qu'un Prophête dominé par un caractère dur & par une complexion mélancolique, n'en réussissoit que mieux en montrant de la sévérité ; que les sacrifices qu'il faisoit étoient suffisamment payés par le plaisir orgueilleux de se concilier la faveur publique.

Mais en supposant que cette réflexion fût aussi judicieuse & bien fondée, qu'elle est maligne, on ne pourroit en rien conclure au desavantage des Prophêtes Juifs, ni en faveur des Oracles du Paganisme. En mettant de part & d'autre la même ambition de se faire un nom, il faudroit du moins que les effets fussent de part & d'autre à peu près égaux. Or, il s'en faut bien que cette égalité s'y rencontre.

Les Prophêtes Juifs ont laissé à la

postérité une réputation qui ne s'est
jamais démentie ; leur mémoire a toujours été consacrée par les respects &
la vénération des Peuples. Le nom ,
au contraire, des Charlatans du Paganisme, est tombé dans le néant. Ils ont
fait dans le tems quelques dupes, & ils
n'ont excité que la risée & les mépris
de la postérité.

Dé plus, on ne voit point parmi eux
une chaîne de Devins, qui durant l'espace de plusieurs siécles , ayent paru
constamment attachés aux mêmes principes de créance & de conduite, ne
variant jamais dans les règles de la morale , ne prêchant que les mêmes vérités, n'annonçant que des faits relatifs les
uns aux autres. On ne voit point qu'il y
ait eu parmi eux des Princes, des Rois ,
des Ministres élevés aux premieres pla-
ces, dans des Cours mêmes qui leurs
étoient opposées d'intérêt & de Religion.

Quand on nous aura cité des exemples de cette nature , qui puissent établir un juste parallele avec les Prophêtes des Juifs, alors nous examinerons
de bonne foi de quel côté se trouve
l'avantage où sont les caractères de

vérité les plus sensibles & les plus convaincants. En attendant, nous donnons sans hésiter, la préférence aux Prophêtes Juifs. Je vois parmi eux la plus grande uniformité d'idées, & je suis certain qu'ils n'ont jamais pû se concerter.

J'admire dans leurs Ecrits l'air de simplicité & de candeur qui y regne, l'énergie des expressions, le ton de confiance & d'autorité, le mépris des traits ingénieux & des transitions étudiées. L'artifice ne parle point ainsi. La seule vérité a ces caractères soutenus & ennemis de tout art, & on peut mettre les Incrédules au défi de trouver ailleurs que dans les Livres saints, un langage qui marque si visiblement l'inspiration divine.

Récapitulation qui sert de conclusion à cette premiere Partie.

Je demande présentement si les systêmes de nos prétendus Philosophes mis en opposition avec le systême de la Religion, si leurs raisonnemens rapprochés des preuves que le Christianisme nous fournit de sa Divinité, font capables de faire quelque impression,

& de tenir la balance suspendue ; & si le Christianisme examiné sans prévention, n'est pas infiniment plus croyable que tout ce qu'il leur plaît de nous insinuer.

Incrédules, je m'en rapporte à vous-mêmes ; que vos passions se taisent, que votre raison seule prononce. De quel côté se trouve le plus grand poids de persuasion ?

N'est-il pas infiniment plus raisonnable de dire qu'il existe un Etre suprême, que cet Etre existe par la nécessité de sa nature, qu'il a tout créé, qu'il conserve & gouverne tout ; que de soutenir qu'il n'y a point de Dieu, ou que si ce nom a quelque réalité, il ne signifie autre chose que le monde matériel, existant de toute éternité dans sa configuration actuelle, ou étant devenu tel qu'il est par un simple jeu du hazard ?

N'est-il pas infiniment plus raisonnable de dire, que Dieu après avoir créé le monde visible, y a établi l'ordre & l'harmonie que nous y voyons ; qu'il est l'auteur du jour & de la nuit ; qu'il a donné la vie aux animaux & à tout ce qui respire ; que d'avancer que

tout cela s'eſt fait par un mouvement
fortuit des atômes, & par l'heureuſe
rencontre d'un jet, qui a pris la place
d'une infinité de jets poſſibles?

N'eſt-il pas infiniment plus raiſonnable de dire, que l'homme eſt un
compoſé de corps & d'ame, que cette
ame ſpirituelle de ſa nature, ne peut
mourir que par le même effort de toute-
puiſſance qui l'a créée, qu'elle eſt le
principe de toutes nos penſées & de
toutes nos délibérations ; que de prétendre que l'homme n'eſt qu'une portion de matière figurée au hazard, que
la matière ſeule en nous, penſe, rai-
ſonne, diſcute, combine, prévoit
deſire, ſe détermine, choiſit ?

Or, entre des opinions contradictoires, n'eſt-il pas certain que la plus
raiſonnable doit l'emporter? Si les vérités du Chriſtianiſme ont de leur côté
cette ſupériorité de raiſon, excluſive-
ment aux principes de l'incrédulité,
quel homme ſenſé peut leur refuſer la
préférence ?

Elles n'ont point été imaginées
ces vérités, par des hommes bizarres
préſomptueux, eſclaves de tous les caprices & de tous les délires d'un eſprit

garé. Elles font liées, ces vérités, enchaînées les unes aux autres, tendantes aux mêmes fins, parties d'un fyftême fagement combiné & très-bien foutenu.

Elles font fupérieures à nos lumieres, fans être contraires à notre raifon. Elles font telles que Dieu n'a manifefté que fa fageffe en les révélant, & l'homme ne trouve que fon bonheur à les fuivre. Elles tendent toutes à glorifier Dieu & à fanctifier l'homme. Elles fixent l'incertitude de fon efprit ; elles règlent les penchans de fon cœur ; elles affujettiffent les appétits de fon corps.

Elles veulent qu'on préfére l'éterité au tems, le réel au frivole, le durable au paffager. Elles font confignées dans les monumens les plus anciens & les plus authentiques. Elles ont pour garant un concours étonnant de miracles & de prophéties, & le témoignage uniforme d'une infinité de Martyrs.

Des vérités de cette nature ne peuvent que triompher au tribunal de la raifon de toutes les folies de la gentilité, de toutes les réveries du Maho-

métifme, de tous les doutes hazardé
& de toutes les indécentes plaifant
ries de l'impiété , qu'on ofe décor
de nos jours du beau nom de Phil
fophie.

Fin de la premiere Partie.

SECONDE PARTIE.

L'HONNESTETÉ
DU CHRISTIANISME,
OPPOSÉE A L'INDÉCENCE
QUI RÉSULTE DE L'IRRELIGION.

Idée & division de cette seconde Partie.

ON ne peut entendre par le terme d'Honnêteté qu'une vertu qui a pour objet l'observation des bienséances. Pour être assuré que l'on prend le parti le plus honnête, il faut n'avoir rien à se reprocher, ni du côté des Maîtres dont on prend les leçons, ni du côté des amis à qui on se lie, ni du côté des principes que l'on adopte. Or je prétends que par tous ces

endroits le Chrétien à l'avantage (
nos prétendus Philofophes. Nous n'
vons à rougir ni des Auteurs de not
Foi, ni des Partifans ·de· notre Fo
ni des conféquences de notre Foi.
leur feroit bien difficile d'en dire a
tant.

Anciens & premiers Maîtres de n(
Philofophes modernes.

Il faut convenir que nos préten
dus Philofophes ne font guères dan
le goût de jurer fur la parole d'aucu
Maître en particulier. Leur orgueil (
s'accommode point de cette efpèce d
fervitude ; ils veulent philofopher a
bitrairement. De-là vient qu'ils n'o
point de fyftême commun. Chacu
d'eux a le fien , ou plutôt chacu
d'eux l'imagine dans l'occafion, & e
change felon le befoin.

On ne peut donc leur affigner pro
prement des Maîtres ; on eft fond
pourtant à attribuer ce caractère
tous ceux qui leur ont frayé la voye
& qui les ont précédés dans la car
rière qu'ils entreprennent de fournir
d'autant plus qu'ils s'appuyent volon

tiers de leur témoignage , & qu'ils font gloire de marcher fur leurs traces.

Cherchons donc dans l'Antiquité les hommes de qui ils ont appris à ataquer & à combattre la Religion. Nous trouverons quelques Philofophes Payens défavoués par tous ceux qui ont eu des mœurs , & qui ont aimé la décence ; des Ciniques , l'opprobre de la Philofophie , qui affectoient dans leur conduite de braver toutes les loix de la pudeur. Un Epicure , un Diagore , un Théodore ; voilà les feuls appuis que l'Antiquité préfente aux impies de nos jours. Tandis que tous les autres Philofophes que l'Antiquité nous vante , ont reconnu la néceffité & l'éxiftence de l'Etre Suprême , l'immortalité de l'Ame , les récompenfes & les châtimens de l'autre Vie , une Providence , un bien & mal moral , des vertus & des vices. Thalès, Anaxagore, Platon, Socrate, Ariftote , & beaucoup d'autres que je pourrois nommer , poufferent les connoiffances fur tous ces articles, auffi loin que la raifon peut les pouffer , lorfqu'elle n'eft pas aidée du fecours de la révélation.

Quels hommes en comparaison des petits Chefs modernes, que les impies de nos jours pourroient leur opposer! Oseront-ils mettre de leur parti, un Appollone de Thiane, un Aristie, deux imposteurs dont la supercherie n'a pas trompé long-tems? Compteront-ils au nombre de leurs garants un Cerinthe, un Ebion, un Manès, & tous les Gnostistes; noms infâmes & décriés? Ils le peuvent; mais par-là ils ne feront que manifester d'avantage l'infamie & la honte de leur cabale.

Maîtres du moyen âge & de plus nouvelle date.

Ils nous citeront, sans doute, les Celses, les Porphires, les Jambliques, les Juliens, les Cressents, les Cécilius, les Hiérocles. Effectivement ce sont-là les vrais Maîtres dont ils ont pris les leçons, & adopté les maximes.

Depuis ces Philosophes du moyen âge jusqu'à nos jours, je ne rencontre qu'un Spinosa, un Cervet, un Vanini, un Socin, un Bayle, un Hobbes, un Tolland, un Collins, & peut-être

encore

encore un Looke, que nos Incrédules puiſſent citer en leur faveur. Pour ce qui eſt de ceux qui dominent aujourd'hui parmi eux, voici quel eſt leur vrai caractère.

Ce ſont de prétendus eſprits forts qui ſe ſonts mis en poſſeſſion de parler de tout, de raiſonner ſur tout, de décider de tout en dernier reſſort, de louer & de blâmer ſelon que l'intérêt de leur cauſe l'exige, de rejetter en fait de Religion toute vérité qui a l'air de Myſtère, de ſubſtituer aux Dogmes de la Religion les ſyſtêmes les plus abſurdes & les plus déraiſonnables, de déclarer inſuffiſantes les plus fortes preuves qui atteſtent la vérité, & d'ériger en argumens invincibles, les réflexions les plus découſues, les plaiſanteries les plus dépourvues de raiſon & de bon ſens.

Ce ſont d'ailleurs des gens à talens, à qui il ne manque pour être eſtimables que de ſe tenir dans leur ſphère : gens ſçavans ſur bien des points ; mais génies ſinguliers dans leur façon de penſer, & extraordinaires dans leurs idées. On a dit d'eux avec juſtice, qu'ils aimeroient mieux penſer de travers & penſer ſeuls, que de penſer raiſonnablement avec le commun des hommes.

Voilà les Maîtres du premier ordre. Ceux qui viennent après ſont de petits eſprits pointilleux, qui ne ſçavent que diſputer, & mettre dans la diſpute plus de verbiage & de chaleur, que de raiſon ; qui ne ſçavent que répéter d'un ton tranchant, les minces plaiſanteries qu'ils ont lues par-ci par-là dans quelques livres bleus : gens ſans connoiſſances & ſans principes, qui ſçavent bien crier, bien invectiver ; mais qui ne ſçavent ni penſer ni refléchir, le Public en juge ſur ce pied.

Il eſt d'autant plus facile aujourd'hui de bien ſaiſir le caractère des Maîtres & des fauteurs de l'Incrédulité, qu'ils ne ſe gênent plus, & qu'ils ne ſont plus dans le cas de dire comme autrefois :

Diſcours ſur l'Homme.

> Mon eſprit reſſerré ſous le compas François,
> N'a pas la liberté des Grecs & des Anglois.
> Pope a droit de tout dire ; & moi je dois me taire.

Ci-devant les Incrédules étoient

forcés d'aller faire leurs premieres armes à Londres, à Berlin ou à Amster-
dam. Enhardis par le succès qu'ont eu
les premiers qui parmi nous ont osé
franchir les barrières, regardant comme une chose humiliante de ne pouvoir
combattre la Religon de leur Patrie
que sous des enseignes étrangères, en-
couragés par l'espoir d'une impunité
qui n'a plus laissé de freins pour les
contraindre, ils ont entrepris de former
une secte Françoise de Philosophes,
capable d'aller de pair avec ces Voisins
altiers qui prétendent avoir exclusive-
ment le peu de bon sens & de raison
que la nature a départi aux humains.

Nos Incrédules commençant ainsi à
faire corps, ne laissent pas de prendre
encore leur mot de guet à Londres,
& de s'y fournir de toutes les armes
nécessaires pour combattre la Religion.
Ils ne sont encore maîtres qu'à demi ;
& il est aisé de voir que toute leur
science tient encore beaucoup de la
source étrangere dont elle est un écou-
lement.

Progrès de nos Philofophes modernes, dont la conquête eft peu propre à leur faire honneur.

Je ne fçai s'ils ont autant de force réelle que de confiance & de préfomption. Examinons un peu leurs reffources, la nature de leurs armes, le mérite de leurs chefs. Il y a d'abord un grand préjugé contre eux; c'eft que leurs avantages ont été jufqu'à préfent bien médiocres, malgré la réputation d'efprit & de talent qu'ils fe font faite d'ailleurs; malgré la hardieffe avec laquelle ils ont donné tout ce qu'ils avancent pour des vérités démontrées; quoiqu'ils n'ayent eu à propofer que des chofes fenfibles, des argumens faits pour intéreffer toutes les convoitifes du cœur, des fyftêmes de volupté & de molleffe, une Religion locale & pour la forme.

A quoi ont abouti en effet leurs triomphes? Quels Profélites ont-ils faits? Permettons-leur d'en faire grand bruit, l'intérêt de leur caufe l'exige. Il eft de leur politique de faire parade de leur nombre, afin d'intimider les esprits foibles, & d'entraîner les esprits legers.

Mais les gens de sang froid ne se laissent point effrayer par ce vain étalage d'ostentation. Ils observent l'espéce de gens dont la secte des prétendus Philosophes se recrute, & ils reconnoissent que le Christianisme gagne plus qu'il ne perd à ce petit nombre de déserteurs.

Quels sont-ils, en effet, ces déserteurs ? Une poignée de têtes évaporées qui tournent à tout vent, d'esprits superficiels qui ne saisissent que l'apparence des choses, de littérateurs du dernier ordre, qui n'ont pour se mettre en réputation, que la petite ressource de prendre le ton impie, des gens sans principes & sans mœurs. Nous aurions grand tort de regretter la perte de ces personnages, aussi nuls dans l'ordre de la Religion, que dans celui de la société.

Est-il jamais arrivé aux Incrédules d'attirer à leur parti de ces hommes solidement vertueux, attachés à tous leurs devoirs, exempts de toute passions, bons patriotes, vrais citoyens,

genies appliqués & pénétrans, inftruits
& obfervateurs des bienféances ? Non
fans doute ; & on ne rifque rien de
mettre les Incrédules au défi de citer
un feul homme irréprochable qui ait
abjuré le Chriftianifme pour adopter
leurs fyftêmes d'irréligion.

Nous voyons, au contraire, que les
hommes vraiment vertueux tiennent
fortement aux engagemens de leur
Baptême ; qu'ils regardent la foi comme un don de Dieu des plus précieux,
qu'ils tâchent de tranfmettre à leurs
enfans, de manière qu'elle paffe, fans
s'altérer, de génération en génération,
jufqu'à la poftérité la plus reculée ;
qu'ils regardent comme un horreur &
une abomination, ce jugement décifif
de l'Auteur des penfées Philofophiques : « Le beau projet que celui d'un
» Dévot, qui fe tourmente comme un
» forcené pour ne rien defirer, & qui
» finiroit par être un monftre s'il y
» réuffifoit... Si les Criminels avoient
» à calmer les fureurs d'un Tyran, que
» feroient-ils de plus ? ... Oui, je fou-
» tiens que la fuperftition (le Chriftia-
» nifme) eft plus injurieufe à Dieu

» que l'Athéisme ». Voici la même
réflexion en vers tirés des Piéces fugitives :

> Ignorer ton être suprême
> Grand Dieu c'est un moindre blasphême
> Et moins digne de ton courroux,
> Que de te croire impitoyable,
> De nos malheurs insatiable,
> Jaloux, injuste comme nous.

Les gens de bien ne voyent que la
malice d'un scandale affreux dans ces
horribles maximes. Ils sçavent que la
Religion est la sauve-garde des mœurs ;
qu'elle seule peut maintenir le bon ordre, l'esprit de paix & de concorde,
parmi les hommes, assurer l'autorité
des Maîtres, protéger la liberté des
sujets, appuyer les Loix contre l'injustice, serrer les nœuds de l'union
conjugale, conserver sur la terre des
vertus.

Ils sçavent que la Religion, base
de la sureté publique, est encore la
source du bonheur particulier ; parce
que ses préceptes ont pour objet l'innocence du cœur, l'assujettissement
des passions, l'amour de Dieu & la
charité pour le prochain ; dispositions

de l'ame, qui feules peuvent faire fa félicité.

Qu'on fe livre pour un moment aux opinions de nos prétendus Philofophes, qu'en réfultera-t-il ? L'homme fera rabaiffé à la condition des bêtes. Son ame n'aura plus de fpiritualité ni d'immortalité. Dès-lors plus de Religion , plus de fociété. Dieu ne fera plus qu'une chimère pour l'homme réduit à n'être qu'un monceau de bou ëorganifée.

Il n'y aura plus dans l'homme de liberté ; par conféquent on ne pourra plus exiger de lui d'obéiffance. Il deviendra incapable de faire le bien, ou d'éviter le mal. Ses actions ne feront que l'effet du mouvement forcé d'une machine. On aura tort de le récompenfer & de le punir. Et où en fera la fociété ?

Les conféquences naturelles d'un pareil fyftême , feront que l'autorité n'eft que tyrannie & ufurpation ; la dépendance, foibleffe & ftupidité ; la fubordination , intérêt & politique ; les Loix , pures conventions ; les châtimens, vexations odieufes ; en un mot tout dans l'ordre civil ne fera que préjugé, habitude, commerce d'intérêts & de paſſions. Pour conclure toutes ces horreurs, il ſuffit de tirer les conſéquences des principes établis par les Incrédules.

Comparons-les avec ce que les Apôtres ont enſeigné. Les Apôtres n'étoient ni littérateurs, ni ſçavans, ni beaux eſprits. Ils nous ont appris à honorer Dieu, à ſervir nos Maîtres, à reſpecter les Loix, & à nous reſpecter nous-mêmes.

Ils nous ont enſeigné, que Dieu étant notre premier principe & notre derniere fin, nous devions l'adorer, le ſervir, l'aimer préférablement à tout; & que le culte extérieur que nous lui rendons, devoit être animé par les ſentimens intérieurs de foi à ſa parole, d'eſpérance en ſa bonté, d'amour de ſes perfections infinies; que toute autorité vient de lui, que nous devons obéir aux Puiſſances de la terre comme à Dieu-même, que cette obéiſſance ne doit pas avoir ſeulement pour motif la crainte du châtiment, mais encore l'amour du devoir; que nous devons à nos ſemblables la fidélité, la juſtice, la charité; que nous nous

F v

devons à nous-mêmes beaucoup d'attention à nos pensées, beaucoup de vigilance sur nos desirs, beaucoup d'empire sur nos sens.

Que les enseignemens des Apôtres soient mis en pratique, il en résultera dans l'univers l'ordre le plus parfait & le plus desirable ! Qu'on suive au contraire les principes de nos prétendus Philosophes, ils produiront les plus affreux bouleversemens.

Notice, ou indication des Ouvrages des Philosophes modernes.

Et pour qu'on ne m'accuse pas de leur imputer des crimes au hazard, je vais parcourir ici quelques-uns de leurs principaux ouvrages. J'en tirerai la moëlle & la substance ; & on verra le vénin impur qu'ils renferment.

Le premier qui se présente, a pour titre : *les Mœurs.* L'ouvrage établit précisément tout le contraire de ce que le titre annonce. Si j'en crois à son Auteur, je détruirai la Divinité, après avoir feint de l'encenser & de la reconnoître ; j'en ferai un être chimérique, plus digne de mon mépris

que de mes adorations ; je degraderai
l'humanité, en la faisant rougir de son
origine, de son existence & de sa fin.
Je ne connoîtrai en ce monde de nécessaire que mon intérêt ; ce sera
l'unique Loi suprême à laquelle j'a-
sujettirai toutes choses. Je dirai que
je ne suis rien moi - même ; que si
je m'amuse à m'aimer, & à chercher laborieusement mon bien - être,
j'en fais trop ; que je dois à peine me
souffrir lorsque je me gêne, & préférer le néant à une existence accompagnée de contrainte.

Je passe au fameux Dictionnaire du
Professeur de Rotterdam. Cet ouvrage est la grande source où nos prétendus Philosophes viennent puiser en
Plagiaires peu délicats, tout le fonds
de leur Théologie & de leur Morale.
Si ce magasin d'impiétés n'étoit pas
ouvert à quiconque aspire à la qualité d'Auteur - Philosophe, l'univers
ne seroit pas inondé de tant de mauvaises copies qui se reproduisent à
chaque instant.

On auroit dû intituler ce Dictionnaire : le Scepticisme mis en pratique,
ou Méthode à l'usage de ceux qui veu-

F vj

lent douter de tout, & qui ne font capables de rien de plus. Voici comment
en parle le Philofophe le plus accrédi-
té de nos jours.

Bayle en fçait plus qu'eux tous ; je vais le confulter,
La balance à la main, il apprend à douter.
Affez fage, affez grand pour être fans fyftême,
Il les a tous détruits, & fe combat lui-même.

Le ton cinique de ce Dictionnaire
n'auroit pas été fuffifant pour faire fa
fortune, & multiplier fes éditions ; il
ne feroit jamais devenu le livre à la
mode, fans un certain nombre d'articles qui flattent la licence des efprits
petits - maîtres, & qu'ils ont grand
foin d'apprendre par cœur, dans la
crainte que la vûe de plufieurs *in-folio*
n'effraye le commun des Lecteurs.

Un Ecrivain, qui n'avoit point fans
doute de réputation à perdre, s'eft
avifé de faire un Abregé, ou une Analyfe de ce Dictionnaire, pour mettre
fous un feul point de vûe les traits
d'impiété & de lubricité qui y font
épars.

Sans nous étendre d'avantage fur
fon compte, bornons-nous à renvoyer

au Réquifitoire de Monfieur l'Avocat-Général, qui a fait condamner au feu cette Analyfe abominable. Il feroit difficile de rien ajouter au précis exact & effrayant qu'en a fait ce Magif-rat.

Il fuffit de dire de Bayle, qu'il a étendu le doute à tout, & qu'il a pouffé au-delà de toutes les bornes la liberté de peindre des chofes ob-fcènes. Voilà la fource de fon crédit. Il eft inutile d'en faire fentir les conféquences & les dangers.

L'Auteur de la Henriade, qui eft plutôt un Roman en vers qu'un Poëme épique, a manifefté dans ce fameux effai de fa plume, un goût naiffant pour les plus mauvais principes de Bayle. Il ne lui manquoit dès-lors que la hardieffe que donne l'âge, pour fe montrer tout-à-fait fans Religion ; & il n'a pas tardé de fe conftituer le chef de l'impiété, dès qu'il a cru avoir acquis affez de réputation pour ofer fe le dire.

On peut juger de lui par fon Poëme de la Pucelle. Il feroit difficile de déci-der s'il y a plus d'impiété que d'impu-dence, dans cette méprifable rapfodie.

Ouvrage fait uniquement pour falir l'imagination, & dont on ne doit parler que pour gémir des étranges libertés que l'efprit d'irréligion fe donne.

Les Lettres Philofophiques du même Auteur, ne font qu'une leçon perpétuelle de matérialifme, d'athéifme, & d'impureté.

Son Poëme fur la Religion naturelle, n'eft qu'un amas de vers peu dignes de lui, où l'irréligion eft établie comme elle peut l'être; c'eft-à-dire, fans principes & fans preuves, par des traits fatyriques, par des éclairs d'imagination, par une profufion d'anecdotes fuppofées, & par quelques raifonnemens mêlés de contradictions fans nombre.

Son Poëme fur Lisbonne a fourni à cet Auteur une nouvelle occafion de femer fes principes d'athéifme. Il n'a peint l'effroyable calamité du tremblement de terre, que pour y trouver un nouveau moyen de répandre fes fauffes idées de fcepticifme, en entaffant, fi j'ofe parler ainfi, le pour & le contre à chaque pas.

Dans un autre Ouvrage, qui a pour titre : *La vie heureufe*, le même Auteur fe montre Matérialifte à découvert, & reproche à ses Confréres, les prétendus Philosophes de nos jours, leur déguisement en pure perte, & leur hypocrisie politique qu'ils couvrent d'un masque plus transparant que la gaze la plus claire.

Il lui a plû de r'assembler dans un autre Ouvrage, plusieurs de ses productions, sous le titre de *Piéces fugitives.* Logique, bienséance, Religion, tout y est renversé.

Dans ses Tragédies de Mahomet & de Zaïre & autres, toutes les Religions se méconnoissent au portrait chargé qu'il affecte d'en faire pour décréditer avec elles le Christianisme.

Que n'a-t-il pas hazardé dans son abrégé de l'Histoire Universelle ? Peut-on bouleverser plus audacieusement qu'il a fait l'Histoire Ecclésiastique & profane? Il faut qu'il méprise bien ses Lecteurs, pour supposer qu'ils ajouteront foi à ce mauvais roman, dont le but essentiel est de prouver que l'Eglise n'a que des droits surpris & usurpés, que les Princes qui ont favorisé la Religion, n'ont agi que par politique ; que la Souveraineté a été enfantée par des monstres, ou qu'elle en a enfanté.

Il faut qu'il croye le Public bien facile à abuser, pour lui présenter sous le nom d'Histoire un amas de contes & de fables qui n'ont d'autre existence que dans la folle imagination de leur Auteur.

Son siécle de Louis XIV est dans le même goût. L'envie de décrier tout ce qui a l'apparence du bien, en est l'objet. Ses Anecdotes recueillies dans les égouts de la malignité, ou controuvées & assorties à son dessein, en font les moyens uniques. Selon lui, l'édifiante retraite de Madame de la Valiere n'a été le fruit que d'une imagination échauffée, & d'un cœur fait pour aimer, qui ne change d'objet, que parce que celui dont il ne cesse point d'être épris lui échappe, sans espoir de le retenir ou de le rappeller.

L'irréprochable régularité de Madame de Maintenon n'est qu'une vertu d'ostentation & de parade : encore faut-il à sa vanité des dédommagemens : le titre de Fondatrice, & le despotisme à Saint Cyr. Les Ministres les plus coupables ne font jamais, dit-il, les frais d'une pénitence onéreuse „ parce qu'ils ne font pas dupes de ceux qui font métier de diriger les consciences.

Il n'ose refuser quelques éloges médiocres à M. de Turenne; mais il lui reproche audacieusement d'avoir abjuré le Calvinisme à cinquante ans, comme si à cet âge, dit-il, on changeoit de Religion par conviction. Il critique amèrement la Tragédie d'Esther, parce que tout y respire la Religion & la vérité, & qu'il vouloit en prendre occasion de décréditer les Livres Saints qui en ont fourni tout le fond, qui à l'entendre, est sans la moindre vraisemblance, & désavoué par le bon sens.

Il n'est point sorti d'ouvrage de la plume de cet Auteur, que l'impiété n'ait assaisonné. Il a pris une tournure pour sapper les fondemens de toute Religion, qui ne lui réussit que trop. Le ridicule & la plaisanterie, voilà l'amorce qui lui attire des Lecteurs & des Partisans. Pour du raisonnement & de la Philosophie, il n'en est pas question chez lui.

Nous avons déja assez parlé des Pensées Philosophiques. Ce sont des réflexions hachées, où par un mot tranchant la Religion & les mœurs sont combattues avec beaucoup d'audace, & peu de jugement.

L'Auteur de l'Efprit des Loix a fait un grand abus de fes talens & de fes lumiéres. Il réfulte de cet Ouvrage, que toute la Religion eft fubordonnée au climat, au caractere de la Nation, à l'intérêt politique de l'Etat. Ce paradoxe eft foutenu par une multitude de citations faites de mauvaife foi, & contraires au fens des Auteurs, de paralogifmes fubftitués aux raifonnemens les plus concluans, de principes hazardés, & de maximes fauffes.

Dieu a fait la grace à l'Auteur de fe reconnoître & de mourir en bon Chrétien ; il eft fâcheux qu'il ait laiffé dans le Public un Ouvrage plus contagieux, que fon exemple n'a pu être édifiant.

Toutes les horreurs jointes à toutes les indécences poffibles, fe trouvent réunies dans la derniere production philofophique, intitulée Abraham Chomex. Chef de l'Eglife, autorité Eccléfiaftique & féculiere du Royaume ; corps refpectables, Littérateurs avoués & applaudis, rien en un mot n'échape au Cinique enjoué & furieux à la fois, dont le délire s'est évaporé dans cette infâme & audacieuse satyre.

Que n'a pas entrepris l'impiété de nos prétendus Philosophes? Elle a semé adroitement ses traits dans une foule d'Ecrits, qui portent le nom de Lettres familières, Lettres Persanes, Lettres Juives, Lettres Peruviennes, Lettres Chinoises, Lettres Cabalistiques, c'est toujours même répétition de mauvais principes, tantôt plus déguisés, tantôt plus à découvert. C'est toujours même but d'éloigner l'homme des enseignemens qui le portent à aimer Dieu , & à mortifier ses passions.

On nous a donné hardiment l'Histoire naturelle de l'ame , pour nous apprendre que l'ame n'est autre chose qu'un méchanisme & une organisation, dont on peut faire l'anatomie , comme on fait la dissection d'un cadavre.

Un autre Auteur a produit *le Philosophe petit - maître* , Ouvrage qui soutient d'un bout à l'autre la déraison annoncée par son titre. Un autre a donné *la Philosophie du bon sens* , Ouvrage où le sens commun est mis en piéces, sans ménagement & sans pudeur. Un autre a écrit une *Lettre aux aveugles, pour l'usage de ceux qui voyent.* Cette Lettre est comme les Ouvrages précédens, une leçon hardie de Matérialisme. Il en est de même de l'*Homme machine*, du *Pirrhonisme du Sage*, du Discours *sur l'inegalité des hommes* ; de l'Ouvrage, *sur le monde, son origine & son antiquité.*

Dans tous ces Ecrits, le même poison est insinué sous mille formes différentes, je ne fais que les indiquer, pour tenir les Lecteurs en garde contre les éloges que les impies de nos jours en font ouvertement.

J'avoue que je ne comprends pas comment on peut avoir assez peu d'amour propre & pousser l'oubli de soi - même assez loin pour braver le ridicule inévitable aux Panégyristes de productions si minces, & si deshonorantes : mais il est de convention de donner aux amis qui en manquent, tout l'esprit qu'on ôte à quiconque ose se montrer anti-philosophe moderne.

Ceux qui voudront connoître plus à fond la méchanceté de tous les ouvrages de cette trempe, pourront se satisfaire par la lecture intéressante & instructive des *Lettres critiques* des ouvrages modernes contre la Religion Ces Lettres judicieuses & très-estimables, joignent à une critique exacte & raisonnée, la réfutation la plus solide & la plus complete. On peut encore se procurer un nouvel Ouvrage périodique de même genre, qui a pour titre : *La Religion vengée.* Il a débuté de maniere à en faire concevoir l'idée la plus avantageuse. Les Auteurs, pour preuve de la confiance que leur inspire la bonté de la cause qu'ils défendent, remontent jusqu'à la source de l'incrédulité actuelle.

Preuves qui demontrent les mauvais principes des Philosophes modernes.

En connoissant ainsi les Maîtres dont les Incrédules suivent les enseignemens, on se persuadera aisément qu'ils ne peuvent avoir qu'une morale très-corrompue. Il suffit de développer leurs systêmes, pour manifester la honte de leurs desseins, & l'impureté de leurs sentimens. Leur doctrine abominable est le plus fort préservatif qu'on puisse employer contre l'autorité de leurs leçons.

En parconrant leurs Ouvrages, on voit que l'esprit de mollesse & de volupté est le seul ennemi qui forme toutes leurs ligues éclatantes contre la Religion. L'envie de contenter leurs passions, & de le faire sans remords ; voilà le grand motif de toutes leurs déclamations contre l'Evangile.

On ne veut point d'un Dieu qui exige le sacrifice de nos penchans, d'une Religion qui veut que nous soyons justes, sobres & tempérans ; d'un Evangile qui nous prêche l'humilité, la douceur, la modération, la patience, la charité. En attaquant cette Religion sainte, on n'en a point d'autre que l'on puisse lui substituer. On se détermine à vivre sans Religion. On finit par être Athée & Matérialiste. C'est là où ont abouti toujours les raisonnemens des Philosophes déterminés à secouer le joug de la foi. Ils se mettent dans le cas de douter de tout, dès qu'ils veulent douter de l'Evangile.

Le but que se propose tout Matérialiste, c'est de se plonger librement
dans les voluptés les plus sales. Il faut
pour cela détruire toutes les idées
d'honnêteté & de décence, rendre indifférent ou même légitime, tout ce
qu'on nomme vice & déreglement.
Croyons-en un des plus fameux, qui
parle de la sorte :

> Regrettera qui voudra le vieux temps,
> Et le jardin de nos premiers Parens ;
> Moi je sçai gré à la Nature sage,
> Qui pour mon bien m'a fait naître à cet âge
> Si décrié par nos pauvres Docteurs,
> Ce temps profane est tout fait pour mes mœurs,
> J'aime le luxe & même la mollesse, &c.

Tous aspirent au même but par des
voyes souvent très - différentes ; dès-
lors il est nécessaire que le Christianisme devienne à leurs yeux la plus
odieuse des loix. Il est naturel qu'ils
fassent les plus grands efforts pour rui-
ner son crédit & pour renverser son
empire.

Il n'est pas étonnant qu'ils mettent
toute leur espérance dans la conspira-
tion qu'ils ont formée pour l'anéantir ;
dans les anecdotes scandaleuses ou ridi-

cules qu'ils accumulent pour en faire un objet de dérifion ; dans les plaifanteries de toute efpèce dont ils affaifonnent leurs leçons, pour les faire paffer plus aifément, & pour qu'elles frappent d'avantage ; dans une foule de paralleles arrangés d'imagination, pour confondre la Religion Chrétienne avec les plus folles fuperftitions, pour donner même à celles-ci la préférence fur celle-là. Tous ces moyens honteux font diverfement employés pour parvenir à cette unique fin, de renverfer les idées auftères que le Chriftianifme nous donne de nos devoirs.

C'eft pour en venir là qu'un Géometre Anglois, par une réverie fupérieure à tout ce qu'on peut entendre aux petites Maifons, a prétendu établir que les faits révélés, qui font le fondement de notre foi, n'avoient plus de probabilité que pour 150 ans. C'eft pour en venir là que l'Auteur du Poëme fur la Loi naturelle, met toutes les Religions au pair, en difant :

Chacun vante fa foi, fes Saints & fes miracles,
Le fang de fes Martyrs, la voix de fes Oracles.

Et

Et dans une de ses piéces fugitives il tourne en dérision l'Histoire d'A-dam & de sa chûte.

Mon pauvre Adam, mon gourmand, mon bon Pere,
Que faisois-tu dans le Jardin d'Eden , &c ?

On ne peut trop insister sur les in-décences , & sur les maximes liberti-nes dont leurs écrits sont remplis. L'un a osé regretter qu'il y ait quelque dif-férence entre l'homme & les plus vils animaux , & qu'on ait introduit par-mi nous une éducation , qui selon lui empoisonne la douceur de la vie de l'homme , sans autre dédommagement que de le rendre plus méchant : « l'hom-
» me, dit-il, qui médite est un animal
» dépravé. Plus il refléchit, plus il ap-
» proche de la bête ».

Un autre trouve mauvais qu'on ait entêté la race humaine de la fausse idée, qu'elle fait dans le plan de l'u-nivers une espèce à part ; qu'elle a même été créée pour commander au reste de la Nature. Il parle des Théo-logiens qui sur la foi des Ecritures ont donné à l'homme cette idée de sa grandeur , & il dit :

G

La Nature en sçait plus qu'ils n'en ont jamais dit.
Poppe a porté son flambeau dans l'abîme de l'Etre,
Et l'homme avecque lui apprend à le connoître.

Le démon ne réussit à perdre le premier homme qu'en séduisant son orgueil, par l'idée flatteuse qu'il deviendroit semblable à Dieu. Cette maniere de tenter est usée. Nos prétendus Philosophes prennent le contre-pied. Ils veulent corrompre l'homme en lui faisant accroire qu'il ne différe en rien des plus vils animaux. Ce n'est point pour l'humiler qu'ils lui parlent de la sorte.

L'humilité ne fut jamais le défaut de ces déclamateurs. Tous leurs écrits marquent un orgueil & une présomption extrême. C'est uniquement pour engager l'homme à lâcher la bride à toutes ses passions.

C'est pour en venir là que l'Auteur des Pensées Philosophiques a dit : » La plus essentielle des graces » à mon avis est d'exempter l'homme » de remords. Une bonne Philosophie » se dèshonoreroit en pure perte, en » réalisant des spectres qui n'effrayent

» plus les honnêtes gens. » L'Auteur du Poëme de Lisbonne a dit dans la même vûe :

Je vois sans m'allarmer l'éternité paroître,
Et je ne puis penser qu'un Dieu qui m'a fait naître,
Un Dieu qui sur mes jours a versé ses bienfaits,
Quand mes jours sont éteints, me tourmente à
      jamais.

Cependant, avec de tels principes le dernier de ces auteurs ose dire encore : » Quels plus zèlés défenseurs » des loix sociales, & par conséquent » des bienséances, que nos Philoso- » phes matérialistes ? Non le public » n'a rien à en appréhender. » C'est-à-dire que l'honnêteté & les mœurs n'ont rien à craindre de ceux dont les maximes sappent le fondement & renversent le principe de l'honnêteté & des mœurs ! A qui persuadera-t'on ce paradoxe ?

Le même Auteur en vient aux récriminations pour rejetter sur d'autres des accusations que les impies méritent seuls. » Vit-t'on jamais, dit-il, » nos semblables disputer aux parti- » sans de la superstition chrétienne, la » barbare frénésie d'ensanglanter la

» fçêne de l'univers , d'allumer des
» buchers pour faire expier le manque
» involontaire de perfuafion , ou une
» perfuafion même toute oppofée à
» la leur? »

Il eft facile de lui prouver que jamais on n'a puni perfonne relativement à fa perfuafion particuliere. Si des Magiftrats chargés de maintenir l'ordre & les mœurs, ont févi contre certains déclamateurs, qui non contens de garder pour eux leurs mauvais principes, ont entrepris de les publier, de les répandre, de les infinuer, de les accréditer au préjudice de la vérité & de l'honnêteté ; il feroit difficile de perfuader que ces Magiftrats ayent eu tort ; & tous les jours les impies prouvent par leurs excès, la néceffité de cette rigueur.

De plus, comment un homme qui parle de la forte, ofe-t'il louer & exalter au-deffus de tout, des Empereurs payens qui ont verfé le fang de tant de chrétiens? L'autorité publique ne doit-elle donc punir que les apôtres de la vertu? Ne doit-elle des égards & des ménagemens qu'à ceux qui prêchent le libertinage?

Non que je pense le feu, le glaive ou le gibet néceſſaires pour réprimer l'impiété, des moyens auſſi efficaces quoique moins effrayans y peuvent ſuffire. Quand on a la facilité d'enchaîner & de renfermer Lions, Tigres &c, on ne les aſſomme pas. N'en ſçait-on pas même tirer avantage en les donnant en ſpectacle au Public?

De quel front avance-t'on que la morale des matérialiſtes eſt ſaine, & que le public n'a rien à en appréhender? Un homme qui croit n'être qu'une matiere organiſée, aura-t'il la duperie de s'aſſervir à des devoirs gênants? refuſera-t'il quelque choſe à ſes plaiſirs & à ſes ſenſualités? pour ſatisfaire ſa cupidité & ſon ambition, trouvera-t'il quelque choſe d'illégitime? reconnoîtra-t'il l'autorité des loix? ſe fera-t'il un ſcrupule de les tranſgreſſer?

Ne trouvera-t'il pas au contraire dans cette perſuaſion, un motif ſuffiſant de vivre en bête, de regarder comme une tyrannie tout ce qui gêne ſes convoitiſes, tout ce qui contrarie ſes goûts, de ſecouer tous les jougs qu'on veut lui impoſer? L'univers ne

peut trop craindre des hommes de cette espèce. Les idées d'honneur, de
probité, de décence, d'amitié, de fidélité, de reconnoissance, d'autorité,
de subordination ne sont à leurs yeux
que de vains noms. Vaines dénomi-
nations que celles de pere & de mere,
d'époux & d'épouse, de frere & de
sœur, d'allié & d'ami, de Souverain
& de sujet, de maître & de serviteur,
de protecteur & de protégé.

La plus fausse religion est préférable à cette impiété. Plutôt que d'en
manquer, on s'est fait des Dieux des
objets le plus risibles ; du moins est-il
resté un dernier frein dans ces vils objets fantastique de respect & de terreur.
Bayle n'avoit pas assez réflechi pour
mériter d'avoir tant de copistes, lorsqu'il a dogmatiquement avancé que
l'athéisme est un moindre crime que
l'idolâtrie ; comme si contester toute
souveraineté, ce n'étoit pas attenter
plus directement aux droits de son Roi
légitime que de se trouver engagé
par méprise dans le parti d'un séduc-
teur son concurrent. On se releve plus
aisément d'une erreur de fait que d'u-
ne erreur de droit.

En vain l'Auteur que nous suivons ici dit-il que la pensée du néant n'effraye personne. Il est vrai ; mais c'est parce que cette pensée n'effraye pas, que l'univers ne peut trop craindre que cette pensée s'insinue dans les esprits. Elle bannit toutes les terreurs nécessaires au maintien de l'ordre & des mœurs. Si l'on n'a rien à craindre pour l'autre vie, il n'y aura plus de sûreté dans la vie présente.

Il faudroit des hommes d'une nature différente de la nôtre, des hommes parfaitement à l'abri de tout le venin des passions, pour n'avoir pas besoin d'être retenus par les appréhensions de l'autre vie, frein absolument nécessaire, & sans lequel les mœurs ne peuvent subsister.

Une morale telle que la morale du Christianisme, appuyée de l'espoir d'une récompense, & de la crainte d'un châtiment dans l'éternité ; voilà de quoi maintenir l'ordre & la décence dans une société d'hommes passionnés & méchans.

Elle est si belle, cette morale, que les plus grands ennemis du Christianisme ne lui ont jamais reproché que

sa trop grande perfection. Elle a plu=
sieurs fois arraché des éloges aux impies eux-mêmes. Ecoutons ce qu'en
dit l'Auteur des Lettres Juives : »» Les
»» premiers Nazaréens ont préché une
»» doctrine si conforme à l'équité & si
»» utile à la société, que leurs plus
»» grands adversaires conviennent au-
»» jourd'hui, que leurs préceptes mo-
»» raux sont infiniment au-dessus de
»» ceux des plus sages Philosophes de
»» l'antiquité. La foi des Nazaréens dé-
»» montrée telle que la prêchent leurs
»» Docteurs de la premiere classe, a en-
»» core plus de brillant que la nôtre.
»» Ils ont tous nos premiers principes;
»» mais il semble qu'ils en ayent épuré
»» les suites. La nôtre a quelque chose
»» de farouche, la leur est dictée par la
»» bonne foi, la candeur. Le pardon
»» des ennemis, toutes les vertus que
»» l'esprit & le cœur peuvent embras-
»» ser, leur sont étroitement comman-
»» dées. Un véritable Nazaréen est un
»» parfait philosophe. Dans les autres
»» religions, l'homme, vil esclave, sem-
»» ble ne servir Dieu que par intérêt.
»» Les Nazaréens sont les seuls qui
»» ayent le cœur d'un vrai fils pour un
»» si bon Pere. »»

Voilà un portrait bien naturel & avantageux du Christianisme, tracé par une main qui n'est point du tout suspecte. Il est vrai qu'il y a mêlé ensuite des traits d'amertume sur le relâchement qu'il reproche à plusieurs Ministres de la Religion; mais ces reproches, quelques fondés qu'ils puissent être, ne changent rien au fond de la morale qui est également pure & parfaite.

L'Auteur de la Henriade n'a point osé invectiver contre cette morale; il s'est contenté de la déclarer trop sévere, & de prétendre qu'elle faisoit de Dieu un vrai-tyran. Mais on a beau exagérer la pesanteur du joug évangélique, les sacrifices qu'il exige, les efforts qu'il persuade, les combats auxquels il engage; on a beau grossir le fardeau des vertus qui font la matiere de ses préceptes & de ses conseils: amour des ennemis, mort à soi-même, détachement des biens temporels, mépris des grandeurs, renoncement aux voluptés, guerre continuelle contre le démon, le monde & sa propre chair, guerre de tous les instants & de toute la vie; on fera tou-

jours forcé de convenir que cette morale eſt la ſeule qui donne de ſaines
idées des choſes, la ſeule qui aſſure
vraiment la ſociété, en prévenant
tous les inconvéniens qui pourroient
y mettre du trouble.

Elle condamne les déſordres de
l'ambition, les fureurs de la vengeance, l'eſprit d'intérêt & d'avarice, les
diſſolutions de l'incontinence & de la
volupté ; & par là elle purge la ſociété de tous les levains de diſcorde qui
l'empoiſonnent, de toutes les convul-
ſions qui l'agitent, de tous les embra-
ſemens qui en conſomment les nœuds.

Non-ſeulement le Chriſtianiſme interdit à cet égard toutes les actions
extérieures ; mais il s'applique à épurer les intentions, à regler les deſirs
& les penſées ; ſeul moyen d'attaquer
le mal à ſa ſource, & d'étouffer le germe des iniquités. Non ſeulement il
proſcrit les vices ; mais il ordonne
toutes les vertus qui leur ſont contraires, & il veut qu'elles ſoient prati-
quées dans leur perfection.

A l'ambition, il oppoſe la modeſ-
tie & l'humilité ; à l'eſprit de vengeance, celui de douceur & de paix ;

à l'avarice, l'aumône & l'amour de la pauvreté; à la volupté, la mortification & l'amour des croix; à l'intempérance, l'abstinence & le jeûne; à l'oisiveté, l'assiduité au travail & à la priere; à l'esprit d'indocilité & de rébellion, l'obéissance aux maîtres que Dieu nous donne, quand même ils abuseroient de leur pouvoir.

Morale austère sans doute; cependant malgré son austérité, elle a été reçue des peuples les plus orgueilleux & les plus vains, des peuples les plus avides & les plus intéressés, des peuples les plus coleres & les plus vindicatifs, des peuples les plus indociles & les plus indépendans, des peuples enfin les plus livrés aux excès de la crapule & de l'incontinence; tant le vrai a d'empire sur le faux!

Cette morale paroît, j'en conviens, d'une pratique extrêmement difficile. Le cœur même y entrevoit une sorte d'impossibilité; mais le même Evangile qui nous la prêche, nous apprend qu'elle est en effet au-dessus des forces de la simple nature; que pourtant il ne faut pas en désesperer; que Dieu donne des graces & des secours qui en rendent la pratique posfible ; qu'elle n'a rien de difficile pour ceux qui se laissent enflammer par les traits du divin amour.

Cette morale, au reste, décele sa source par sa grande perfection. Sublime, parfaite comme elle est, elle n'a pû avoir que Dieu pour Auteur. Si les hommes avoient été chargés d'en diriger le plan, ils l'auroient accommodée à leur foiblesse. Ils en auroient écarté toutes ces rigueurs qui rebutent. En la rendant d'une pratique plus aisée, ils auroient eu plus d'espérance de la faire goûter. Nul intérêt n'auroit pû les engager à la rendre si mortifiante pour la nature.

Sa perfection & son succès, sont les signes sensibles du doigt de Dieu ; dont la sagesse ne pouvoit prescrire que des vertus parfaites, & dont la puissance étoit seule capable de les rendre praticables à notre foiblesse

Mais, disent les prétendus philosophes, pourquoi donc Dieu nous a-t'il fait de si dures leçons? Lui qui ne doit vouloir que la félicité de ses créatures, se seroit-il fait un plaisir malin de leur rendre la vie malheureuse? Non sans doute ; Dieu ne se plaît point à voir couler nos larmes.

Il veut notre bonheur. Il le veut toujours & en tout tems ; mais il veut que ce bonheur soit réglé & décent. Il veut que ce bonheur soit fondé sur l'innocence & la pureté de nos ames. Il veut, si cette innocence reçoit quelque atteinte, que les tâches dont nous la souillons soient lavées dans les larmes du repentir. Il ne condamne que nos vices & nos déreglemens. Il n'exige de rigueurs & de mortifications que pour les expier. Pouvoit-il en faire moins !

Pour nous les adoucir ces rigueurs, il nous montre la récompense qu'il nous réserve dans l'autre vie. Il sçait même dès-à-présent nous procurer par l'onction de sa grace, des délices intérieures qui ne laissent à son joug que de la douceur, & à ses fardeaux que de la légereté. Quiconque en effet s'abandonne aux transports du divin amour, se sent soutenu, animé, encouragé dans la voye étroite des commandemens. Il y jouit d'un bonheur si satisfaisant & si plein, qu'un jour passé dans les tabernacles du Sei-

gneur lui paroît préférable aux années
que l'on passe dans la société des pé-
cheurs & des impies.

Pour montrer combien en genre de
mœurs & d'honnêteté le Christianisme a d'avantages sur toutes les maximes qu'on lui oppose; il suffira de
donner ici par voye de contraste un
échantillon de la morale des prétendus Philosophes de nos jours.

Premiere regle de conduite, donnée
par l'Auteur de la *Vie heureuse*: « Le
» vrai bonheur de l'homme, le seul
» auquel il doive aspirer, c'est la vo-
» lupté; une sensation agréable, le
» bien-être actuel est le seul pilote qui
» mene à la félicité; tout le reste n'est
» qu'un bien d'idée. » Cette maxime
a été mise en vers par le même Auteur.

Par le seul mouvement Dieu conduit la Nature,
Mais c'est par le plaisir qu'il conduit les Humains.
La Nature attentive à remplir nos desirs
Nous rappelle à ce Dieu par la voie des plaisirs.
Il m'a dit : sois heureux; il m'en a dit assez.

Ainsi pensent des hommes qui se
prétendent Philosophes, qui se disent
instruits des bienséances, & qui pro-

testent que jamais ils n'ont entrepris de manquer aux égards que l'on doit à l'honnêteté publique.

Dès-lors, poursuit l'Auteur de la *Vie heureuse*, il faut songer au corps avant de songer à l'ame, qu'il ne faut cultiver que pour procurer plus de commodité à son corps. Il faut donner à la raison, la nature pour pilote & pour guide.

» Il est démontré, graces aux lu- » mieres philosophiques de notre sié- » cle, par mille preuves sans replique, » qu'il n'y a qu'une vie & qu'une fé- » licité ; qu'une ame bien organisée » n'est pas la dupe de l'honneur qu'on » lui fait d'avoir des idées, & qu'elle » se borne au sentiment.

Remarquez que l'amour de la volupté est le principe de tout ce discours, que le plus pur matérialisme en est la conséquence, & que toute la preuve consiste dans cette vague affirmation : il est démontré.

Seconde regle de conduite. « Il n'y a » aucune distinction entre le bien & » le mal, le vice & la vertu, le juste » & l'injuste.... Lorsque je fais le bien

» ou le mal, c'eſt mon ſang qui en eſt
» cauſe... Il n'eſt ni bien ni mal mo-
» ral, ni juſte ni injuſte que d'inſtitu-
» tion humaine... L'établiſſement des
» vertus & des vices doit ſon origine
» aux ſeules liaiſons de la ſociété....
» On a remué l'imagination des hom-
» mes, & par là on a tiré parti de
» leur ſentiment; & ce qui en ſoi n'eſt
» qu'une chimere, devient par rela-
» tion un bien. ... Il faut plus crain-
» dre les gibets, que la conſcience &
» les Dieux.

Voilà des maximes claires, où l'on
dit ſans détour ce que l'on penſe; &
il eſt inutile d'apprendre aux hommes
ce qu'ils doivent en penſer.

Troiſieme régle de conduite. « Il
» s'enſuit, par une néceſſité de conſé-
» quence, que la raiſon étant bien
» au-deſſous de l'inſtinct, elle ne doit
» donc pas être la regle de nos mœurs,
» par une uſurpation manifeſte des
» droits de celui-ci. » L'Auteur de
l'Eſprit des Loix avoit déja dit: « Le
» monde phyſique eſt bien mieux gou-
» verné que le monde moral, & il
» s'en faut beaucoup que le monde in-

ȅȅ telligent soit aussi bien regi que le
ȅȅ monde physique. ȅȅ Pope a dit la
même chose en vers.

> Envain de la raison tu vante l'excellence,
> Doït-elle sur l'instinct avoir la préférence?

Quatriéme régle de conduite : Il faut
tout sacrifier aux impressions de l'instinct ; il est le premier & le plus sûr
de nos guides.

> Dieu dirige l'instinct , & l'homme la raison . . .
> . . . . . Orgueilleuse raison
> Sans nous rendre meilleurs tu nous rends misérables.;
> Le but de la raison n'est pas de nous guider ,
> Son principal emploi se borne à nous garder.

Ces principes généralement reçus
parmi les prétendus Philosophes, n'out
pas empêché un de leurs principaux
Oracles, qui se fait un jeu de retracer
dans ses écrits les idées les plus contradictoires, de rendre cet hommage à la
Providence :

> O Providence ! ô mystère sublime !
> Si quelquefois notre cœur combattu
> En chancellant se perd dans ton abîme ;
> C'est quand le bras qui frappe la vertu
> N'a pas daigné commencer par le crime.

ou plutôt il est naturel de penser que
le Poëte en s'exprimant ainsi a voulu
tourner en dérision les idées que la Religion nous donne de la Providence.
Mais où il a excélé, c'est en dévelop-
pant les motifs qui ont engagé Dieu à
signaler sa vengeance contre la ville de
Lisbonne. Ces motifs, selon lui, sont
que Dieu ne voyoit, pour desarmer sa
colere, dans cette Ville, que des lé-
gions sacrées de Moines, qu'il nomme
Pénaillons, que le tribunal de l'Inqui-
sition, que des Chapellets, des *ex voto*,
des Rubriques dévotes. Ne voilà-t-il
pas des plaisanteries bien placées dans
un sujet si tragique.

L'instinct est le premier guide, selon
les prétendus Philosophes ; la nature
est le second, ou pour mieux dire, ces
deux guides ne sont que le même.

Cédons, conformons-nous aux loix de la Nature ;
La route qu'elle trace est toujours la plus sûre.

Ainsi voilà toutes les passions en
liberté. Tous leurs desirs sont affran-
chis ; tous leurs mouvemens sont légitimes ; tous leurs excès sont autorisés ;
toute la sagesse se borne à ne rien refu-

ser à la nature. Non-seulement cette
route est permise ; mais elle est la meilleure & la plus sûre.

» Les Moralistes, dit l'Auteur des
» Mœurs, déclament d'ordinaire con-
» tre les passions, & ne se lassent point
» de vanter la raison. Je ne craindrai
» point d'avancer, au contraire, que
» ce sont les passions qui sont innocen-
» tes, & notre raison qui est seule cou-
» pable ».

On le voit ; c'est par-tout même
système. Renverser l'autorité de la raison, pour établir l'empire des passions
sur ses ruines ; voilà ce que généralement on se propose.

Uu Auteur plus récent a accumulé
dans un livre intitulé *de l'Esprit,* toutes
les indécences & toutes les horreurs
qui avoient été dispersées jusques-là
dans les divers ouvrages des prétendus
Philosophes. Selon lui, la sensibilité
Phisique & l'intérêt personnel, ont été
les auteurs de toute justice. L'intérêt
est l'unique juge de la probité & du
mérite des hommes.

Si l'on perd l'intérêt de vûe, on n'a
nulle idée nette de la vertu & de la
probité. L'univers moral est soumis à

la loi de l'intérêt, comme l'univers physique l'est aux régles du mouvement. Avant la formation des sociétés, il n'y avoit aucune loi, ni par conséquent aucune justice. La vertu est le desir du bonheur général. La justice consiste dans l'observation des conventions que l'intérêt commun a fait faire.

Saint Chrisostôme nous avoit appris que la loi naturelle a été donnée à l'homme au moment de sa création. Qu'est-ce que cette loi, dit ce saint Docteur, jugez-en par la conscience, autre présent du Seigneur, à laquelle il appartient de faire le discernement du bien & du mal? Nous n'avons pas besoin d'apprendre que la fornication est un mal, & que la continence est un bien. Nous sçavons cela naturellement.

Nous sçavons de même que le meurtre & le vol sont des crimes. Aussi Dieu en donnant ses Loix, s'est contenté de dire *vous ne tuerez point*, sans ajouter que le meurtre est un mal; parce que cela étoit suffisamment connu par la conscience. Au lieu que quand Dieu fit d'autres Commandemens étrangers à la Loi naturelle, il ajoute la raison & le motif du Précepte.

Le même S. Docteur raisonnant contre les Gentils, qui refusoient de reconnoître une Loi naturelle dont Dieu fut l'Auteur, leur disoit : Si Dieu n'a pas gravé cette Loi dans nos cœurs, qui est-ce qui a donc déterminé les Législateurs des Nations à faire des Loix contre l'homicide & le vol, pour les droits & la sureté des Citoyens ?

Dira-t-on que ces Loix s'étoient transmises des peres aux enfans ? Mais enfin il faut remonter à un premier guide, à un premier instituteur. N'est-ce pas la conscience ? N'est-ce pas la Loi naturelle que Dieu a donnée à l'homme, en lui donnant l'existence & la vie ? Ces raisonnemens sont simples & solides ; mais nos Incrédules n'ont garde de les approfondir.

La base des Mœurs, selon l'Auteur de l'Esprit, est le plaisir sans en excepter le plus sensuel. Il érige l'amour profane en ressort principal des vertus. Il ne rougit pas de mettre sous les yeux des Lecteurs les pratiques licentieuses de certains Peuples idolâtres. Il rassemble sans pudeur les Anec-

dotes les plus obfcènes, & les images
les plus impudiques.

Il condamne la raifon à fe taire en
préfence des paffions. « Que la raifon,
» dit-il, nous dirige dans les actions
» les plus importantes de la vie, je le
» veux : mais qu'on en abandonne les
» détails à fes goûts & à fes paffions.
» Qui confulteroit fur tout la raifon,
» feroit fans ceffe occupé à calculer
» ce qu'il doit faire, & ne feroit jamais rien ». Il appelle des pédans,
des déclamateurs, des gens fans efprit, ceux qui recommandent fans
ceffe la modération des defirs. Il prétend que celui qui pour être vertueux
auroit toujours fes penchans à vaincre, feroit effentiellement un mal-hon-
nête homme. Il confeille aux perfonnes du fexe, de franchir toutes les bornes, il leur donne des prétextes pour
ne plus connoître de pudeur. Il prodigue fes éloges à tous les excès de
l'impureté.

Le même Auteur affure qu'il faudroit fe faire une Morale comme on
fe fait une Phyfique expérimentale ;
qu'envifagée de ce point de vûe, la
Morale de vaine qu'elle eft, devien-

droit une science utile à l'univers ; qu'il faut considérer des hauteurs de la méditation le spectacle des mœurs, des coûtumes, des Religions, seul moyen de briser tous les liens des préjugés, de passer sans étonnement du Serrail à la Chartreuse.

Qu'un Philosophe, qui comme Démocrite ne voit dans les hommes que des foux, ou des enfans contre lesquels il seroit ridicule de se fâcher, ne les voit que de l'œil dont un Méchanicien regarde le jeu d'une machine ; que quand il les voit méchans, cruels & injustes, il ne s'irrite point de leur méchanceté, il ne se plaint que de la nature qui de chaque être fait un assassin, n'ayant pour base que l'intérêt personnel ; qu'on n'est jamais juste que lorsqu'on a intérêt de l'être ; que la vertu envisagée comme l'idée de l'ordre & du beau essentiel, n'est que le rêve ingénieux & intelligible du Platonisme ; que les vertus n'étant que de préjugé, ne peuvent contribuer en rien au bonheur public ; qu'un Philosophe croit toutes les coûtumes égales, celle même de tuer les enfans, les vieillards, les malades, aussi-bien que les plus infâmes pratiques des Gnoftiftes, par la raifon qu'il ignore les motifs de leur établiffement, qui ont pû être empruntés de l'utilité réelle.

Que l'abfence des paffions produiroit l'abrutiffement parfait, & qu'on ne peut ceffer d'être paffionné fans devenir ftupide ; qu'une paffion forte eft fi néceffaire à notre bonheur, que fans elle la vie nous feroit infupportable ; que les gens fenfés font toujours inférieurs aux gens paffionnés ; que nous ne devons tous les objets de notre admiration qu'aux paffions ; qu'un homme qui facrifieroit les plus fortes paffions à l'amour de la vertu ou du bien public, ne pourroit être qu'une chimère ; que la route de la vertu eft celle des plaifirs, celle de l'amour le plus vif de tous.

Qu'il faut prendre l'amour pour précepteur, fi l'on veut s'élever aux grandes chofes ; que la main de la beauté jette furement dans l'ame les femences de l'efprit & de la vertu ; qu'il ne s'agiroit que de débarraffer les femmes d'un refte de pudeur ; que le defir des femmes rendroit les hom-

mes

mes, plus fages ; qu'il y auroit de la duperie à reconnoître d'autre différence entre la femme chafte & la femme galante que la beauté ; que les femmes galantes confeillées par le defir de plaire, font des citoyens utiles ; que la Circaffienne qui la premiere a inoculé fes filles pour fauver leur beauté, s'eft rendue plus recommandable à l'univers, que toute Fondatrice d'Ordres Religieux ; que tout le mal que peut occafionner l'amour des femmes, n'eft qu'une paillette de cuivre mêlee à des veines d'or.

Que la corruption des mœurs eft alliable avec toutes les qualités qui font les grands hommes ; qu'elle n'eft mauvaife que là où elle eft défendue comme en France ; qu'il faudroit rendre les femmes communes, & déclarer tous les enfans, enfans de l'Etat ; que la feule volupté peut nous confoler du malheur d'être ; que nul vice, nulle vertu n'en mérite le nom, que relativement au public ; que la probité d'un particulier ne peut importer au public, tant elle lui eft peu utile.

Que le vrai Moralifte lorfqu'il voit des défauts dans un Gouvernement Mi-

H

litaire, dans l'Administration de la Justice & des Impôts, doit terminer lui-même le cours de sa vie ; que tous les vices des Nations sont les dépendances nécessaires du Gouvernement ; qu'il y a des occasions où l'on est nécessairement l'ennemi des hommes ; que l'inexécution des Loix vient toujours de l'ignorance des Législateurs, & non de la révolte des citoyens.

Que le mobile unique des actions & des vertus, c'est l'amour des plaisirs des sens ; que c'est dans les pays où les vertus étoient encouragées par l'espoir des plaisirs des sens qu'elles ont jetté le plus grand éclat ; qu'une amitié sans besoin seroit un effet sans cause ; que la Nation heureuse seroit celle où l'on ne se permettroit que des crimes d'intérêt.

Qu'un homme de génie, eut-il des vices, est plus estimable que les esprits justes, d'une bonne conduite ; que tous les Gouvernemens & toutes les Loix sont l'effet du hazard, & non de la sagesse des Législateurs ; que le hazard a joué dans le monde un plus grand rolle qu'on ne pense.

Que l'existence des corps n'étant

qu'une probabilité, on ne peut affurer que l'univers ne foit pas un pur
fantôme ; que loin d'être créés pour
la Religion, un Hiftorien Profane a
dit, que dans une balance le mal qu'ont
fait les Religions l'emporteroit fur le
bien.

Ce n'eft là qu'une partie des horribles maximes de cet Auteur, qui n'a
épargné ni la Religion ni les mœurs,
ni même l'autorité des Souverains,
qu'il ébranle de cent manieres différentes. Il n'eft pas néceffaire d'entrer
dans un plus grand détail des ouvrages impies, où l'honnêteté publique
eft attaquée fans ménagement. En voilà bien affez pour démontrer à tout efprit fage & qui aime la vertu, qu'il
n'y a point de comparaifon à faire
entre la Morale des Chrétiens & celle
de nos prétendus Philofophes ; que la
premiere eft faite pour régler les mœurs
& les épurer ; que la feconde ne peut
que les allarmer & les corrompre.

L'acharnement des incrédules contre
la Religion eft incompréhenfible ; il eft
même contraire aux principes les plus
généralement établis dans leurs écrits.
Partout ils fe déclarent contre l'intolé-

rance ; ils la traitent de barbarie aveugle, de fureur superstitieuse, de zèle
fanatique.

Ils veulent qu'on n'ait que de l'indulgence pour les fausses opinions des
hommes, de la compassion pour leurs
erreurs, de la condescendance pour
leurs égaremens ; & par - tout ils se
déchaînent avec l'intollérance la plus
marquée contre le Christianisme.

Ils donnent volontiers des éloges
à tous les peuples ennemis de cette
Religion, quelques barbares, quelques superstitieux, quelques fanatiques qu'ils puissent être, pour affoiblir par contre-coup le respect que l'on
a pour le Christianisme. Que prouve
cette conduite, sinon qu'ils en veulent aux mœurs sévéres que les Loix
de l'Evangile prescrivent ? Tel est le
but indécent que se propose la Philosophie de nos jours. Telle est son
équité & son inconséquence.

Précautions à prendre contre la contagion de l'incrédulité moderne.

Ceux que la Grace du Seigneur a
préservés jusqu'à présent de la conta-

gion de ce faux esprit Philosophique,
ne peuvent être trop en garde contre
le torrent de l'exemple, pour ne pas
se laisser prendre aux dangereuses
amorces que l'impiété leur aprête de
toutes parts. Il est aujourd'hui peu de
livres, peu de conversations, où la
Religion n'essuye directement ou in-
directement quelque attaque.

Qu'ils se défient sur-tout des détestables maximes qu'on ne cesse de
leur inculquer. A quoi bon, leur dit-
on, ne pas user de son bon sens pour
briser des chaînes forgées par une Politique ambitieuse? Pourquoi se laisser
déchirer par d'importuns remords, dont
la raison peut émousser la pointe, &
qui n'annoncent qu'une conscience dupe des préjugés? Pourquoi ne pas regarder d'un œil de pitié ces hommes
préoccupés, qui ne travaillent qu'à
empoisonner les douceurs de la vie
présente, en vûe d'un bonheur avenir adroitement reculé dans une éternité imaginaire?

Cette façon de prendre le cœur par
ses foibles, d'intéresser les passions, &
de leur ôter toutes les barrieres qui
les gênent, est plus dangéreuse qu'on

ne pense. C'est le grand appas de l'impiété, & cet appas n'a que trop d'empire sur les hommes qui ne sont pas en garde contre eux-mêmes.

Autrefois on n'osoit point être impie à découvert, on ne hazardoit qu'en tremblant, & sous de grands déguisemens les maximes de l'incrédulité; aujourd'hui que le mal a fait beaucoup de progrès, on se dit impie sans honte; on se donne hardiment pour tel; on attache à cette fausse Philosophie une idée de supériorité d'esprit & de lumieres; on ose même soutenir que la Religion n'est plus le partage que de l'imbécile vulgaire.

Ainsi les piéges de l'incrédulité deviennent plus communs, & ses amorces plus efficaces. Pour marcher dans les voyes de l'impiété, on avoit autrefois le respect humain à vaincre. On a aujourd'hui à s'en défendre, pour s'éloigner de ces indignes voyes. Ce changement survenu dans les dispositions des esprits, exige plus de précaution, plus de vigilance que jamais.

Qu'on ne se laisse point séduire par les apparences de probité que l'on remarque dans la conduite de beaucoup

de nos prétendus Philosophes, l'expérience nous montre que l'homme soit
en bien, soit en mal, ne se conduit
pas toujours conformément à ses principes.

Si les Incrédules agissoient consé-
quemment, ils ne pourroient être que
des libertins sans foi, sans honneur,
sans conscience; & effectivement la
plûpart ne font pas autre chose. Je
veux bien convenir que tous ne donnent pas dans les mêmes excès, qu'il
y a même parmi eux un petit nombre de gens d'honneur, bons Citoyens,
hommes équitables & généreux.

Mais que prouve leur exemple? que
la force de l'éducation, la bonté du caractère, l'empire de la Loi naturelle
l'emporte dans eux sur les plus mauvais
principes. Il n'est pas moins vrai qu'u-
ne vie déréglée & dissolue est la conséquence naturelle de toute Philosophie qui a l'athéisme ou le matérialisme pour fondement.

*Les Philosophes modernes en opposition
avec les Chrétiens dans les différentes
situations de la vie.*

Mettons ici les prétendus Philosophes & les vrais Chrétiens en opposition dans les différentes situations de
la vie, dans la prospérité & dans les
disgraces, à la tête du Gouvernement,
sur les Tribunaux de la Justice, & dans
toutes les conditions qui partagent la
société civile.

Le vrai Chrétien souffre l'adversité
sans en murmurer, use de la prospérité
sans s'y attacher. Toujours modeste,
& toujours désintéressé, toujours com-
plaisant & charitable, toujours soumis
à Dieu, & indifférent pour tout le
reste. Il trouve son avantage dans ses
malheurs ; ils expient ses crimes, ils
perfectionnent ses mérites, ils assuren,
ils augmentent ses espérances.

Il rend ses prospérités utiles à son
salut ; il n'en use ni pour se procurer des
commodités & des délices, ni pour se
livrer au faste & à la magnificence,
mais pour soulager les pauvres, pour
consoler les affligés, pour fournir des

reffources à tous ceux qui font dans le travail & dans la peine. Voilà ce que le Chriftianifme infpire à tous ceux qui font vivement pénétrés de fes maximes.

Que voit-on au contraire de la part des Incrédules qui profperent ? Fierté, arrogance, dureté, caprices, fenfualité, fafte, molleffe, plaifirs de toute efpèce, voluptés de toute façon. Dans la difgrace, ils ne montrent qu'abbattement ; murmures, impatience, défefpoir, accablement. Voilà leur Philofophie.

Un Roi véritablement Chrétien eft & fe montre le pere de fon peuple. Attentif à maintenir les droits & les prérogatives de fa couronne , parce que c'eft un dépôt qu'il eft chargé de conferver en fon entier , on ne le voit point inquiéter fes voifins, & empiéter fur leurs poffeffions. Pacifique par devoir , guerrier par néceffité, il gagne l'amour de fes peuples, & la confiance de fes Rivaux par fa droiture , fa modération & fon équité.

Malheur au contraire au Peuple, affez abandonné du Ciel pour être gouverné par un Roi Philofophe, dans le fens qu'on donne aujourd'hui à cette expreſſion. Que n'a-t-il pas à redouter d'un maître dur & impitoyable par principe ? Quelles calamités n'attirera pas ſur lui l'ambition inquiéte, les prétentions injuſtes, les entrepriſes déraiſonnables d'un Roi qui, s'il agit conſéquemment, ſacrifiera tout pour ſe ſatisfaire, ne connoîtra d'autres Loix que celles que lui impoſent les bornes de ſon pouvoir & la contradiction des événemens, qui verſera ſans regret le ſang de ſes Sujets pour la plus médiocre conquête. Le Ciel a-t-il des fléaux plus redoutables qu'un Roi de ce caractére?

Là fortune des hommes, leur honneur & leur vie, ſoumiſe à un Juge véritablement Chrétien, ne trouveront chez lui qu'impartialité, application, vigilance pour ne pas ſe laiſſer ſurprendre, délicateſſe pour ne rien faire contre ſa conſcience, roideur contre les ſollicitations, empreſſement à rendre juſtice, & à faire triompher le bon droit ſans acception de perſonnes. Voilà les Juges que tout le monde déſire, & que chacun voudroit avoir.

Que ne craindroit-on pas ſi l'on voyoit la balance entre les mains d'un

homme imbu des principes détestables
de la Philosophie moderne ! Se croi-
roit-on vis-à-vis de lui en sureté contre les appas de l'or, contre l'empire
du crédit, contre les séductions de la
volupté, contre les vertiges de l'esprit
de parti ? Est-il un seul Plaideur qui ne
soit intéressé à écarter du nombre de
ses Juges, un homme qui croiroit que
toutes les Loix ne sont que l'ouvrage
des préjugés, & que satisfaire à ses passions est la seule vraie sagesse ?

Un vrai Chrétien ne connoît que
son devoir dans quelqu'état que la Providence l'ait placé. L'Evangile apprend aux Publicains que si leur état
est nécessaire & permis, il est extrêmement critique ; qu'ils ne doivent point
profiter de tous les moyens qu'il leur
donne d'augmenter leur fortune ; qu'ils
sont obligés d'exécuter les Ordonnan-
ces ; mais qu'ils sont encore plus obligés de s'en tenir précisément à ce qu'elles prescrivent, & de ne rien s'attribuer au de-là. *Nihil ampliùs quam quod
constitutum est faciatis.*

L'Evangile apprend aux Soldats
qu'ils doivent être exacts au Service
militaire ; que Dieu & l'ordre public

le veulent ainfi; mais que le glaive
qu'on leur a mis en main ne doit fer-
vir qu'à la défenfe, & non à l'oppref-
fion des Citoyens; qu'ils doivent fe
contenter de leur folde, & éviter la ra-
pine & le brigandage. *Neminem con-
cutiatis, & contenti eftote ftipendiis vef-
tris.*

L'Evangile enfeigne à tout Citoyen
qu'il peut fe fauver dans fon état,
pourvu qu'il en rempliffe les devoirs,
& qu'il en évite les écueils : de forte
qu'un vrai Chrétien, non - feulement
peut réuffir dans toute forte d'état, mais
qu'il y réuffira mieux que tout autre,
s'il fuit avec exactitude les Loix de
l'Evangile.

Au lieu qu'un Philofophe qui penfe
à la maniere de nos jours, ne peut, s'il
fuit fes principes, que porter le trouble, le défordre & la confufion dans
touts les Etats où l'intrigue & fon
ambition l'auront placé.

Corollaires de ce qui a précédé.

L'Efprit faint nous a inftruit de ce
que l'on doit attendre des hommes qui
ne veulent ni Dieu ni Religion. Voici

les sentimens qu'il met dans leur bouche : opprimons la veuve & l'orphe-
phelin, tendons des piéges à l'innocence, ne recevons la Loi que de nos penchans, procurons-nous des plaisirs,
goutons-les à longs traits ; buvons,
mangeons, couronnons-nous de fleurs,
jouiffons de la vie, elle eft courte, elle
va bien-tôt finir, efforçons-nous de la
rendre délicieufe ; tel eft en effet l'objet de leur honteufe philofophie.

La conduite de quelques-uns qui
font l'exception de la régle, ne doit
pas mettre les autres à l'abri du reproche de diffolution qu'on eft fondé à
leur faire. En effet, puifque le Chriftianifme lui-même qui eft fi faint dans
fes Loix, qui oppofe aux moindres
péchés des menaces fi effrayantes, n'a
pas toujours le pouvoir d'obtenir de
fes Partifans qu'ils triomphent des im-
preffions de leurs mauvais penchans.

Comment cet objet fi néceffaire fe-
ra-t-il rempli par une Philofophie qui
juge légitime tout ce qui plaît, qui
fait difparoître toutes les terreurs capables d'arrêter les progrès du vice ?

*

Conclusion de cette seconde Partie.

Il est donc parfaitement démontré qu'en genre d'honnêteté le Christianisme mérite la préférence sur tous les systêmes de l'incrédulité ; qu'en ce genre les principes de part & d'autre ne sont pas comparables ; que les mœurs trouvent leurs régles les plus parfaites, & leur appui le plus sur dans les Loix de l'Evangile ; & que tout est perdu pour eux, si l'on adopte les maximes de la prétendue Philosophie de nos jours.

Fin de la seconde Partie.

TROISIEME PARTIE.

LA SURETÉ QUE L'ON Trouve à se soumettre à la Religion opposée aux dangers inséparables de l'irréligion.

Plan & partage de cette troisiéme Partie.

NOUS avons vû dans les deux parties précédentes, que les Incrédules n'ont point encore imaginé de systême qui soit comparable au Christianisme du côté de la crédibilité, & du côté de l'honnêteté. Les objets qu'ils se proposent sont également contraires aux principes de la saine raison, & capables de corrompre les mœurs ; tandis que le Christianisme dans ses mystères même les plus profonds n'enseigne rien que la raison puisse combattre, & que dans tous ses préceptes il n'ordonne rien qui ne soit propre à rendre les hommes plus vertueux.

Pour achever de faire sentir les avantages que la foi nous donne sur les Incrédules, il me reste à montrer que nous ne risquons rien à croire l'Évangile, & qu'on risque infiniment à ne le croire pas. Considérons ici les choses relativement au tems & à l'éternité, c'est tout embrasser, & il n'est pas possible de proposer à l'attention de l'homme des objets plus intéressans.

Les systêmes de l'incrédulité que l'on décore du nom fastueux de Philosophie, n'ont rien que de très-favorables aux inclinations du cœur; & si l'esprit pouvoit ne conserver aucune inquiétude sur la solidité de leurs fondemens, ils l'emporteroient infailliblement sur tous les systêmes contraires.

Mais comme il s'en faut bien que l'esprit puisse se guérir de ses inquiétudes à cet égard; comme les Incrédules les plus déterminés n'ont pû jusqu'à présent mettre leurs principes à l'abri de toute incertitude, il est bien insensé de se laisser engager à marcher sur leurs traces, au risque de donner dans une méprise qui est de la plus grande conséquence pour cette vie & pour l'autre.

Ne sçavoir où trouver des consolations dans les maux de la vie présente, ignorer ce qu'on deviendra après la mort. Cette situation est affreuse Voilà pourtant le sort que l'incrédulité prépare à tous ses Sectateurs.

Le parti du Chrétien est le plus sûr pour le tems.

L'un de ceux qui ont montré de nos jours plus d'ardeur à répandre l'impiété, a dit : on seroit assez tranquile en ce monde, si l'on étoit bien assuré de n'avoir rien à craindre dans l'autre. Cet aveu est de bonne foi : mais il est naturel d'en tirer des conséquences fort opposées à celles que cet Auteur peu Philosophe a voulu établir.

L'homme sage & judicieux ne se contentera pas qu'on lui permette de vivre au gré de ses désirs, de faire son objet capital de son bien être, de rejetter tous les principes de Religion, comme autant de préjugés tyranniques, & d'étouffer les remords de sa conscience comme autant de foibleffes d'esprit.

Quand même il pourroit se roidir contre les raisons philosophiques qui prouvent l'abfurdité de ce système, il aura du moins affez d'attention à fes vrais intérêts, pour examiner si ce système commode en apparence, eft capable de lui fournir les reffources dont il a befoin pour fupporter les miferes du tems, & pour fe précautionne contre les dangers de l'éternité.

Voilà, dira-t-il, une vie bien délicieufe qu'on me permet. Voilà tous les plaifirs abandonnés à mon choix & à ma difcrétion : Mais, après tout qui m'affure que cette vie, qui ne préfente à beaucoup d'autres que des épines, n'aura pour moi que des fleurs ? Quelque foin que je me donne pour la rendre heureufe, pourrai-je me garantir toujours de cette foule de maux qui en font le partage le plus ordinaire ?

Que de maladies peuvent m'affaillir, à combien d'exceffives douleurs ne peuvent - elles pas me rendre fujet ! De la part de la fortune, que de rever-

également imprévus & irréparables !
De la part des Amis, que d'infidélités
& de trahisons ! De la part des Ennemis, que de complots & de cabales !
De la part de tous les hommes qui
m'environnent, que de méchancetés &
de noirceur ! Voilà bien des maux
qui me menacent, & dont aucune vigilance, aucune effort, ne sçauroit me
défendre.

Pour adoucir l'amertume de ces
maux, Incrédules, qui vous chargez
de me rendre la vie heureuse, où sont
les ressources que vous devez me fournir ? Vous m'enlevez un Dieu dont la
miséricorde seroit mon refuge ; un Dieu
qui se déclare le consolateur des affligés
& l'ami de ceux qui souffrent ; un
Dieu qui tire des trésors de sa grace
une onction délicieuse qu'il répand sur
les plaies les plus douloureuses.

Vous m'enlevez une Religion qui
dans ses principes & dans ses espérances, a dequoi calmer toutes les douleurs ; une Religion qui me montre
d'heureux dédommagemens à toutes
mes souffrances, qui me fait trouver
une vraie beatitude dans mes pleurs,
& qui m'affermit par la paix du de-

dans contre tous les troubles du deho s.

Vous m'enlevez tout cela : que mettez-vous à la place ? Rien du tout. Vous m'abandonnez à moi-même, à mon chagrin, à ma défolation, à mon défefpoir. Quelle reffource que le fuicide ? c'eft cependant l'unique recours auquel me réduit votre Philofophie : vos principes ne m'indiquent que cet affreux remède pour la délivrance de mes maux.

Le Philofophe moderne fans reffource contre les maux de la vie.

En effet, l'efpèce de Philofophie dont les Incrédules nous leurrent, n'a point de reffource contre les grands chagrins de la vie. Elle ne nous laiffe que les confolations humaines : foible appui contre le poids de la douleur. Dans nos afflictions, aurons-nous recours à nos amis ? mais combien de chagrins que nous ferons obligés de leur cacher, pour ne pas nous couvrir à leurs yeux d'une honte qui pourroit les éloigner de nous ? Mais combien eft-il d'amis véritables, qui fçachent véritablement partager nos douleurs

& qui ne les augmèntent pas par l'in-
fenfibilité qu'ils y oppofent ?

La Philofophie des Incrédules qui
exhorte fes Partifans à fuir tout ce qui
peut les attrifter, & à ne rechercher
que ce qui leur donne de la joie, nous
procurera-t-elle des amis affidus à fé-
cher nos larmes, & à émouffer la pointe
de nos chagrins ?

Nous renverra-t-on à notre propre
raifon ? Mais qu'il y a peu de reffource
dans la raifon contre le chagrin. Un
efprit qui raifonne féchement peut-il
guérir un cœur malade ? La réflexion
pour l'ordinaire, aigrit la douleur au
lieu de la calmer.

Voit-on beaucoup de ces prétendus
Philofophes qui portent fans accablement le poids des grandes afflictions ?
Trouvent-ils dans leur Philofophie
dequoi tempérer la fenfibilité de leur
cœur, quand elle eft aigrie à un certain point ? Ils peuvent fe dire heureux tandis que la fortune les enyvre
de fes faveurs. Ils font les plus malheureux des hommes à la premiere
difgrace.

Des consolations Philosophiques il faut toujours passer à celles du Christianisme.

Non, les consolations Philosophiques ne peuvent rien sur la douleur. Elles ont une aridité qui dégoute. Elles lassent, elles importunent, elles ne consolent pas. Il est réservé à la Religion de guérir ces maux incurables à tout autre reméde. Quand on est bien pénétré des grands principes du Christianisme, on supporte sans beaucoup d'effort les plus grandes amertumes de la vie.

On sçait que les afflictions d'ici-bas ne sont que des épreuves dont Dieu se sert pour éprouver nos mérites, & pour augmenter le poids de gloire que Dieu leur reserve dans le Ciel. On en conclut que quelqu'instans d'adversité sont bien peu de chose en comparaison d'une éternité bienheureuse dont l'affliction est la voie la plus sûre.

En insistant sur ce principe, on en vient jusqu'à reconnoître que c'est un grand bonheur de souffrir dans cette espérance. C'est là une huile favorable qui, versée sur nos plaies, en adou-

cit toutes nos douleurs ; on finit par
surabonder de joie dans l'excès des plus
grandes tribulations.

*L'esprit du Christianisme va jusqu'à
rendre les souffrances préférables aux
douceurs de la vie.*

Ainsi, dès qu'il s'agira de se consoler soi-même, ou de consoler les autres
par charité, on sera toujours en état
d'y réussir, en recourant aux principes
du Christianisme. Ils nous représentent
ces principes encourageans la vie de
l'homme comme un court pélerinage
dans une terre étrangere ; la brillante
superficie du monde comme une figure
qui passe & une vapeur qui s'évanouit.
Ils montrent la couronne de justice
qu'un Rémunérateur magnifique tient
suspendue sur la tête du Chrétien
affligé.

A cette vûe, le cœur le plus foible
ne sent plus la difficulté de ses combats.
Un amas de biens périssables qu'on lui
enleve, ne lui paroît qu'un fardeau &
un embarras dont on le délivre. Les
plaisirs auxquels il renonce lui garantissent ses droits à la récompense qu'il

attend. Les maux qu'il souffre lui annoncent une heureuse conformité avec Jesus-Chrift, dont il peut alors se dire vraiment le Difciple, & dont il eft plus fondé que jamais à efpérer les faveurs.

Le fouvenir de fa deftination glorieufe le rend inébranlable aux adverfités d'ici bas. Il eft comme un Roi qui affuré de parvenir bientôt à une couronne brillante, fe trouvèroit actuellement dans les fers, & qui fouffriroit patiemment les maux de ce court efclavage, dans l'efpérance de remonter fur le trône qui l'attend. Voilà ce que peut le Chriftianifme, & il n'y a que lui qui ait ce pouvoir.

De trompeufes apparences font prendre le change à l'imprudente Philofophie.

Les Incrédules fe laiffent féduire par les charmes apparens que les voyes de l'impiété leur préfentent. Ils font rebutés & effrayés par la rigueur des Préceptes de la Religion ; cependant quiconque examine les chofes fans prévention, ne peut fe difpenfer de reconnoître que pour être folidement

ment heureux même en ce monde, un vrai Chrétien a de l'avantage fur tous les autres.

Les douceurs d'ici-bas font prefque toutes fauffes ; elles font du moins imparfaites. Les defirer, c'eft un tourment. D'ordinaire elles ne doivent leur attrait qu'à l'imagination. On les trouve bien différentes de ce qu'on les croyoit quand on les goûte ; & l'habitude les rend toujours infipides.

Il n'en eft pas de même des maux de la vie. Ils ne font que trop réels & trop cuifans. L'expérience les montre toujours fort fupérieurs à l'idée qu'on s'en étoit faite, & leur durée les rend infupportables. D'ailleurs en ce monde , il y a mille maux réels contre un feul bien imaginaire.

L'Incrédule prend donc bien le change, lorfque fe bornant à jouir des biens d'ici-bas, qu'il n'eft pas en fon pouvoir de fe procurer avec abondance, il ne fe ménage aucune reffource contre les maux infinis de la vie, dont il eft encore moins maître de fe préferver.

Le Chrétien au contraire , qui dédaignant de ceuillir des rofes tou-

jours prêtes à se faner, se précautionne contre les épines sans nombre qui
l'environnent , & s'arme de force
pour en émousser la pointe, trouve
dans ce choix la sûreté de son bonheur sur la terre.

Il y a long-tems qu'on a dit que
l'exemption de chagrin & de douleur
est le plus solide bien dont on puisse
jouir en ce monde. Ce bien ne s'est
encore rencontré nulle part. Le seul
donc qu'un homme sage doive se procurer , c'est des consolations & des
ressources contre la douleur & le chagrin ; & on ne les trouve que dans
les principes du Christianisme.

Le Parti du Chrétien le plus sûr pour l'éternité.

Je ne m'arrêterai pas d'avantage à
faire sentir combien le Chrétien met
plus de sûreté dans son sort relativement à la vie présente. Envisageons
les choses sous des rapports plus importans. Considérons l'état du Chrétien & de l'homme sans Religion relativement à leur derniere fin.

Je parle de cette Eternité, dans la

quelle nous devons tous nous perdre comme dans l'abîme d'où nous sommes tous sortis ; ou pour parler plus exacte-ment, de cette vie éternelle qui doit suivre notre trépas, & pendant la-quelle nous serons souverainement heureux ou malheureux.

Ici je veux bien m'en tenir aux sim-ples aveux des Incrédules. Un de leurs principaux chefs, cet homme qui a la hardiesse de parler aux Sauverains comme à ses égaux, & l'orgueil de croire qu'il fait trop d'honneur au commun des hommes, lorsqu'il dai-gne leur adresser la parole, a dit :

Mais quelle épaisse nuit voile encor la Nature ? *Piéces*

Le vrai sens de l'Enigme est-il enfin trouvé ? *fugitives.*

Il est bien certain que dans la na-ture il n'y a ni énigme, ni nuit re-lativement à son origine ni à sa fin. La voix de tous les êtres créés est claire & intelligible. Ils disent tous hautement, qu'ils ne se font point donnés à eux eux-mêmes l'existence, qu'ils la doivent à un premier Etre, qui lui-même ne doit rien à aucun autre, & dont la puissance a tiré toutes choses du néant par une création proprement dite,

Raisonnemens embarrassans pour les Incrédules, & auxquelles il leur seroit difficile de répondre.

Mais supposons pour un instant que les preuves de l'existence d'un Dieu tel que le Christianisme l'annonce, ne soient pas aussi satisfaisantes que nous le croyons ; que d'elles à une vraie démonstration, il y ait aussi loin que les Incrédules le prétendent ; ces Incrédules ne seront-ils pas forcés de reconnoître , qu'il leur est tout au moins aussi difficile de démontrer que le Dieu des Chrétiens n'existe pas ?

Qu'ont-ils en effet de raisonnable à nous opposer sur ce point ? Tout-au-plus des doutes, des conjectures, des peut-être, Depuis le tems qu'ils exercent toute la subtilité, qu'ils épuisent toute l'artificieuse fécondité de leur esprit à chercher des raisons & à manier des argumens , pour affoiblir la certitude, & pour obscurcir l'évidence de la Foi Chrétienne, ont-ils rien trouvé de satisfaisant ?

Il n'est point encore sorti de leur

plume un seul raisonnement capable d'établir invinciblement le contraire de ce que nous croyons. En prenant pour convaincant tout ce qu'ils donnent pour tel, tout au plus en résulteroit-il cette conséquence. Il n'est pas démontré que l'Evangile soit revélé ; il n'est pas démontré non plus qu'il ne le soit pas. C'est-à-dire que la chose demeure simplement douteuse.

Or dans un doute de cette conséquence quel est le parti le plus sûr ? C'est évidemment celui de la Foi. Je ne risque rien à faire ce que l'Evangile m'enseigne, si le Dieu qu'il m'annonce est effectivement tel qu'il me l'annonce. Et comme je vois à cela une absolue possibilité, & que je n'ai tout au plus sur ce sujet que de l'incertitude ; je risque infiniment, si je ne me soumets pas à l'Evangile.

Il est impossible en effet qu'un vrai Philosophe, qui pense solidement, & qui refléchit sans préjugé, trouve une vraye paix dans un doute si effrayant. Rien n'est plus propre à entretenir habituellement dans son cœur le trouble, l'agitation, & les plus vives alarmes.

Je demande à l'Incrédule qui m'accuse de folie, parce que j'ai de la foi, qu'est-ce que je risque moi qui suis Chrétien ? Il est bien évident que je ne risque rien pour l'autre vie ; que Dieu quel qu'il soit ne sçauroit me punir d'avoir été constant à l'aimer & à l'honorer, exact à pratiquer tous les devoirs de la société, attentif à combattre mes mauvais penchans & à mener une vie pure.

Je ne risque rien pour cette vie même : la foi que je professe & que je pratique, ne fait que m'éloigner des vices, & m'exercer dans la pratique de toutes les vertus. Ainsi elle ne peut que me faire trouver une paix solide dans le témoignage de ma conscience, & une estime honorable & consolante dans l'opinion des hommes même les plus corrompus. Quoiqu'il arrive, le parti que je prends est un parti sûr. Il n'en est pas de même de l'Incrédule.

Que ne risque-t-il pas au contraire s'il y a un Dieu, de n'avoir jamais travaillé à l'honorer & à le servir, de n'avoir cherché constamment que des raisons spécieuses pour s'exempter de

la nécessité de lui obéir & de pratiquer son culte , d'avoir affecté toujours de l'empressement & du zèle pour
lui ravir ses partisans ? Quel risque
pour lui , si le Dieu qui existe est tel
que l'Evangile l'annonce , jaloux de
sa gloire , absolu dans ses volontés ,
terrible dans ses vengeances , punis-
sant pendant l'Eternité dans des tor-
rens de feu , l'omission volontaire
d'un seul de ses Commandemens ?

Combien le simple doute sur la spiritualité
de l'ame est effrayant.

Ceux qui nous disputent la spiritualité & l'immortalité de l'ame sont-
ils bien assurés d'avoir raison. Leurs
argumens qu'un intérêt mal entendu
leur suggére , mis en opposition avec
les grands principes qui fondent notre
Foi en ce point, ont-ils une force
persuasive & convaincante ? Ont-ils
même de quoi établir un doute raisonnable ? Il est bien évident que non.

Mais quand même ces argumens
laisseroient la chose dans un état d'incertitude & de doute , n'y auroit-il
pas de la folie à tirer de ce doute un
prétexte, pour se conduire contre l'en-

seignement du Chriſtianiſme, comme
ſi l'ame n'étoit réellement que matiere, & comme ſi après la mort elle ne
devoit attendre que le néant.

Voilà deux voyageurs engagés l'un
& l'autre dans une route inconnue,
pendant une nuit obſcure. Les uns
leur diſent que cette route eſt environnée d'abîmes, d'autres leur aſſû-
rent qu'il n'y en a point. Les témoignages pour & contre ſont d'égale
force.

Dans cette incertitude l'un des voyageurs prend le parti de marcher avec
précaution ; l'autre s'engage au hazard
ſans prendre de meſure. De quel côté
eſt la folie ou le bon ſens ? Quand il
y va de mon ſalut ou de ma perte,
le parti le plus ſûr devient le plus néceſſaire, & le ſeul parti raiſonnable.

Doute ſur l'éternité des récompenſes ou des peines.

Ceux qui en reconnoiſſant l'exiſtence de Dieu, la ſpiritualité & l'immortalité de l'ame, ſe bornent à diſputer ſur la queſtion des peines & des
récompenſes éternelles, qui ne veu-

lent ni Paradis ni Enfer , qui ne peuvent se persuader au moins que Dieu ,
dont la bonté est infinie , reserve une
peine éternelle à un péché d'un moment , sont-ils bien assurés d'avoir
raison ? Il est bien évident que non.
Tout au plus peuvent-ils conserver à
cet égard de l'incertitude & du doute.

Mais dans ce doute même , y a-t-
il du bon sens à vivre comme si réellement on n'avoit point de peine éternelle à appréhender ? Le doute n'empêche point la possibilité de la chose. Il
est très-possible que le Paradis & l'Enfer ne soient rien moins que des chimères de l'imagination ajustées à des
intérêts politiques. Il est très-possible
que l'éternité des peines & des récompenses soit une conséquence de la nature des perfections divines , un effet
résultant de sa Justice aussi infinie dans
ses rigueurs que dans ses libéralités.

Il est très-possible que cette opinion
généralement repandue parmi les hommes , malgré l'opposition de leurs principes sur tant d'autres objets , ne soit
ni une illusion ni un préjugé. Je parle
toujours ici dans la supposition la plus
favorable aux Incrédules , dans la sup-

position qui reduit les choses à un état de doute & d'incertitude.

Mais si l'Eternité des peines n'est tout au plus qu'incertaine, s'il est possible que Dieu punisse pendant l'Eternité les coupables qui l'ont offensé dans le temps ; à quel risque ne s'expose pas l'Incrédule qui ne met aucun frein à ses passions, & qui se permet tout aussi librement que si de la part de Dieu il n'avoit rien à craindre ?

Le Chrétien au contraire ne risque rien du tout. Quand il seroit vrai que l'éternité des peines n'a été imaginée que par la politique des hommes intéressés à maintenir l'ordre dans les Gouvernemens, & à rendre leur société plus sûre ; moi qui dans ce doute prens le parti de régler ma vie de maniere à me mettre à l'abri des vengeances de Dieu les plus incertaines, je suis bien sûr que dans l'éternité, quelle qu'elle soit, mon sort ne peut être malheureux ; & je n'en serai certainement pas plus à plaindre en ce monde, puisqu'il est prouvé par l'expérience de tous les siécles, qu'il n'y a de vrai bonheur ici bas que dans la parfaite vertu.

Comparaison décisive en faveur du parti que prend le Chrétien.

Enfin je demande aux Incrédules, s'il n'est pas infiniment plus sûr de marcher à la suite de tant de grands hommes qui ont éclairé & réformé l'univers, dont ils exciterent l'admiration par leurs héroïques vertus, & par leurs sublimes connoissances, que de courir sur les traces honteuses de ces anciens Ciniques qui furent le scandale & l'opprobre de l'humanité ou de leurs modernes Sectateurs qui n'ont fait que copier leurs obscénités & leurs blasphêmes, & dont l'esprit complice en tout, des désordres de leur cœur, ne s'est appliqué qu'à corrompre & à dénaturer toutes les connoissances humaines ?

Nos prétendus Philosophes rejetteront sans doute avec mépris le témoignage des grands hommes des siécles passés. Ils attribueront leur foi au préjugé de naissance, à l'empire de l'éducation, au pouvoir de la crédulité & de l'habitude. Mais tous les Docteurs de l'Eglise ont-ils été dans le cas de donner lieu à ce reproche ? Plusieurs d'entr'eux n'ont-ils pas commencé par être opiniâtrément incrédules, ouvertement déclarés contre le Christianisme, ses ennemis les plus décidés, & ses aggresseurs les plus ardens.

Tels furent les Quadrat, les Justin, les Tertullien, les Cyprien, les Augustin. Ces génies si estimables, ces hommes si consommés dans les sciences humaines étoient-ils moins en état de connoître la vérité des choses que les petits esprits d'aujourd'hui ? Se sont-ils appliqués avec moins d'ardeur à déchirer le voile du préjugé ? Avoient-ils moins d'intérêt à ne pas se méprendre ?

A la vûe de ces autorités respectables, tout homme sensé & de bonne foi ne pourra demeurer en suspens, lorsque je lui demanderai lequel est le parti le plus sûr, ou de suivre cette foule d'hommes éminens en vertu & en sainteté, doués d'un esprit supérieur, d'une science profonde, & d'un cœur droit, qui ont cherché la vérité avec le plus grand soin & avec les intentions les plus pures ; ou de s'attacher à des génies d'un ordre bien inférieur,

dont la conduite n'annonce ni sentimens vertueux, ni intentions pures ;
qui ne sçavent ni vaincre leurs paf-
sions, ni même les modérer ; dont les
Écrits ne respirent que l'obscénité &
la licence, & qui bien loin de chercher
à débrouiller la vérité, ne travaillent
qu'à épaissir le nuage qui nous la couvre. Un homme sensé & de bonne
foi ne trouveroit pas qu'on pût sans
folie balancer un seul instant la préférence.

Moyen de conviction plus preffant.

Je puis donc en toute sureté me réduire vis-à-vis des prétendus Philosophes à ce raisonnement simple : dans
l'opposition de croyance qui nous di-
vise, qui de vous ou de moi court le
plus grand risque ? de vous qui avez
eu la présomption de secouer le joug
de la foi, dont l'empire a duré sur vos
cœurs tant que votre innocence n'a
souffert aucune atteinte, & à laquelle
vous êtes redevables du peu de mœurs
qui vous reste, & de quelques idées
exactes que vous avez conservées sur
la Divinité.

De vous qui n'avez commencé à philosopher, & à révoquer la Religion en doute, que depuis que la mauvaise compagnie vous a perverti, depuis que les mauvaises lectures & les mauvais exemples vous ont précipité dans le désordre, source unique du libertinage de vos idées ; ou de moi qui constant à suivre les principes de ma Religion, ai tâché de conformer ma conduite à ma croyance ; n'ayant rencontré jusqu'à présent pour m'écarter de cette voye, que des doutes peu propres à faire impression sur un esprit conséquent, & tout-à-fait incapables de contrebalancer les motifs puissans qui servent d'appui à ma foi ?

Je ne réclamerai que le fonds de droiture naturelle qui doit nous être commun à vous & à moi. Parlez sincérement, & selon que votre conscience vous l'inspire. Etes-vous aussi fermement assuré que le Christianisme n'est véritablement qu'une superstition enfantée par la politique, nourrie par les préjugés, fomentée par la fourberie, entretenue par de sordides intérêts ; êtes-vous aussi persuadé de tout cela, que je suis fermement convaincu que le

Chriſtianiſme eſt une Religion Divine, ſolide dans ſes principes, inébranlable dans ſes fondemens, favorable à
l'homme, avantageuſe à la ſociété,
conforme aux lumieres d'une raiſon
ſaine & ſupérieure aux vaines impreſſions des ſens?

Ce n'eſt pas encore aſſez : car entre vous & moi, les choſes ne doivent
point être miſes à l'égalité. Il faut que
vous ſoyez tout autrement certain de
ce que vous avancez, que je ne puis
l'être de ce que je crois : puiſque ſi
vous venez à vous méprendre, il ne s'a-
git pas moins pour vous que de tout
perdre en genre de bonheur, & de vous
expoſer à la miſere la plus conſommée
& la plus déſeſpérante dans l'éternité :
au lieu que ma mépriſe ne peut m'expoſer à rien de ſemblable, & que tout
ce qui peut m'en arriver de pis, c'eſt
de m'être privé de quelques plaiſirs aſſez vuides en eux-mêmes, & peu dignes d'intéreſſer les déſirs ou les regrets
d'un vrai Philoſophe.

Pour vous ſi vous vous trompez,
voyez les affreuſes conſéquences de
votre erreur. Il faut donc abſolument
que vous ſoyez bien ſûr de ne vous

tromper pas. Beaucoup plus fûr que moi de la vérité de vos principes, l'êtes-vous en effet ? Avez-vous une perfuafion affez forte de la folidité de vos raifonnemens pour en conclure qu'aucun intérêt, aucun motif, aucun prétexte, ne doive jamais vous faire changer d'opinion.

Etes-vous incrédule au point de donner votre fang pour foutenir les principes de votre incrédulité ? Il faut en venir là pour mettre votre certitude à l'égal de la mienne. Je fuis fûr de ma foi, de maniere qu'aucun intérêt, aucune autorité, aucun motif n'aura la force de m'arracher à cette conviction, & que je donnerai ma vie pour conferver ma Religion.

Si vous n'en êtes pas là, votre certitude eft inférieure à la mienne, & cependant comme vous rifquez beaucoup plus que moi, vous devriez être plus fûr de votre fait : car enfin il s'agit pour vous de ne pas tomber entre les mains d'un Juge inexorable, qui peut pendant toute une éternité vous rendre malheureux en punition de vos excès.

Le Philosophe appellé à l'expérience presque journaliere.

Pour donner plus de force encore à ce raisonnement, je conduis nos Incrédules au lit de leurs Confreres mourans. Ils verront ces prétendus esprits forts qui avoient montré tant de fermeté durant l'illusion & l'yvresse d'une santé florissante, se démentir ouvertement, désavouer avec le repentir le plus amèr les blasphêmes dont ils avoient souillé leurs conversations & leurs Ecrits, être saisis d'effroi à la vûe des risques résultans de l'impiété de leurs systêmes, frémir à la seule pensée des jugemens de Dieu, dont ils osoient contester l'existence.

Ils verront ces Zélateurs de l'incrédulité, Chrétiens à la mort comme les autres, appeller avec trouble & inquiétude dans ce moment critique, les Ministres de la Religion, recourir avec empressement aux Sacremens de l'Eglise, respecter ses pratiques, solliciter ses suffrages, chercher une derniere ressource dans les moyens divers de salut qu'elle fournit.

Témoin le fameux Loocke. Ils connoiſſent tous la Lettre qu'il écrivit au lit de la mort pour être remiſe à Collins après ſon trépas. Elle eſt entre les mains de tout le monde ; & il eſt inutile que je la tranſcrive ici. Je n'en citerai que les paroles ſuivantes : « Je vous ſouhaite le meilleur » de tous les biens. Au moment de » la mort on voit plus clair que ja- » mais ».

Combien d'exemples de même genre n'aurois - je pas à rapporter ? De pluſieurs milliers d'Incrédules, à peine en citera-t-on deux ou trois qui par un excès de dèſeſpoir, ou par l'effet d'un juſte jugement de Dieu, ayent prit le parti déplorable de mourir dans la même incertitude, dans laquelle ils avoient vécu ; ne donnant aucune marque extérieure ni de repentir, ni de Religion, ni de crainte de Dieu, & ſe précipitant ainſi les yeux fermés dans les abîmes de l'Eternité.

Effroyable obſtination, ſuite malheureuſe de beaucoup de graces mépriſées, ſort qui ne peut qu'épouvanter quiconque penſe qu'il n'eſt pas certain que l'ame meure avec le corps,

& qu'il est encore moins certain qu'un Dieu juste laisse les crimes sans châtiment.

Vains subterfuges de l'incrédulité.

Je sçai que nos prétendus Philosophes ne manquent point d'attribuer à une imbécilité d'esprit, & à une raison affoiblie par l'excès du mal, ou même encore à une sorte de politique qui respecte les usages & les bienséances établies, le parti que prennent communément les Incrédules de terminer leur vie par l'édifiant spectacle d'une amende honorable faite au Christianisme publiquement.

Ils n'ont garde d'avouer la sincérité du procédé de ces déserteurs de l'impiété, dont les abjurations déshonorent leur cabale, rendent hommage au Christianisme, & fournissent aux vrais fidéles une consolante matiere d'édification.

Mais ces foupçons que leur inspire le chagrin de voir leur Philosophie décréditée, ces imputations qui n'ont d'aute fondement que l'envie d'éluder une objection incommode, des discours hazardés sans preuve, peuvent-ils contredire ou du moins contrebalancer des faits publics & avérés, constatés même plus d'une fois par des Actes authentiques ?

Je sens bien qu'il est de l'intérêt des Incrédules survivans de se faire un point essentiel d'imaginer des subterfuges pour anéantir les conséquences défavorables qui résultent contre leurs systêmes, des testamens de mort de tant de suppots de l'impiété.

Mais cet intérêt n'est pas suffisant pour métamorphoser en hypocrites ou en imbéciles des hommes qu'ils ont eux-mêmes vantés jusqu'au moment de leur désertion, comme des génies supérieurs, des sçavans du premier ordre, des prodiges en fait de pénétration, de raisonnement & de Métaphysique. Cette façon de juger des choses décele l'esprit de parti, & non l'amour de la vérité.

Si le repentir dont nous parlons n'avoit été manifesté que dans un accès de délire, ils auroient quelque droit de le méprifer ; mais ils n'ignorent pas que la plûpart de ceux dont

la converſion les chagrine, ne montre-
rent jamais plus de préſence d'eſprit,
plus de raiſon & de jugement, que
dans les derniers momens qu'ils ont
conſacrés à l'expiation publique de
leurs ſcandaleux déréglemens, & aux
exercices fervents de la Pénitence
Chrétienne.

S'ils ont été témoins de leurs pro-
cédés édifians, ils parlent contre leur
conſcience. S'ils ne l'ont pas été, ils
parlent de choſes qu'ils ne ſçavent
pas ; & leurs affirmations ne prouvent
que la témérité de leur eſprit, le manque de droiture, & l'injuſtice de leur
cœur.

L'utilité que doit tirer de tout ceci le
vrai Fidèle.

Les exemples dont nous venons
de parler, ne ſont point néceſſaires
pour apprendre aux vrais fidèles à
plier humblement ſous le joug de la
Foi, & à faire de cette docilité le principe de leurs mérites & de leurs eſpé-
rances. Ils doivent du moins de plus
en plus affermir dans eux ces heureu-
ſes diſpoſitions.

Il est certain que la mort est un grand maître ; il diffipe fans effort les prestiges & les illufions de la vie. A la mort le mafque tombe. Dans ce moment critique on ne rend hommage qu'à la vérité & à la vertu. Une Religion qu'on a combattu pendant la vie , & qu'on appelle à fon fecours à la mort , a les plus grands droits à la vénération des hommes.

Les Fidèles ne peuvent trop fe prévaloir de ces exemples , pour les oppofer comme une arme invincible aux railleries & aux blafphêmes des impies. Je voudrois qu'ils fe bornaffent toujours à leur répondre : A la mort vous penferez autrement. A la mort vous vous croirez trop heureux de finir par penfer comme je penfe.

Vain & puérile retranchement des Philofophes modernes.

Les prétendus Philofophes attentifs à fe dérober à la conviction qui les pourfuit, font un nouvel effort pour prouver que tout eft au moins égal dans le pour & le contre en fait de Religion. Il eft faux , difent-ils,

qu'il y ait plus de sûreté dans le Christianisme que dans tout autre système.
Une chose ne peut être comparative-
ment plus sûre qu'une autre, lorsque
positivement elle n'est point sûre du
tout.

Or nul système en fait de Religion
n'est susceptible de démonstration directe ; & par-là même ils sont tous
également dans l'impossibilité absolue
d'opérer une sûreté proprement dite.
Donc il est faux de dire qu'il soit
plus sûr d'embrasser le Christianisme,
que de se décider en faveur de toute
autre Religion, que de les combattre
toutes les unes par les autres, & de
finir par n'en avoir aucune.

Ce Paralogisme qui tient ici lieu
d'argument, est avancé avec assurance,
& exprimé en style tranchant par des
hommes qui ont ouvertement la prétention de passer pour des hommes supérieurs en raisonnement. Il porte uniquement sur l'équivoque d'un double
sens. Il ne peut donc faire illusion qu'à
ceux qui n'approfondissent rien, ou
qui sont tout déterminés à croire les
impies sur leur parole.

Ce terme sûr est susceptible de plus

d'une fignification. On peut dire qu'une chofe eft fûre, ou parce qu'elle eft certainement vraye, ou parce qu'elle n'expofe à aucune rifque. Voilà la double fignification de ce mot, qui donne lieu à l'argument que nous venons de taxer de Paralogifme. J'ai fuffifamment prouvé dans la premiere Partie de cet Ouvrage que le Chriftianifme a la premiere efpèce de fûreté; c'eft-à-dire que tous fes principes font certainement vrais.

Ici il n'eft queftion que de la feconde efpèce de fûreté qui confifte à repréfenter la foumiffion au Chriftianifme, comme un parti qui n'expofe à aucun danger. J'ai prétendu, que quand même les principes du Chriftianifme ne feroient pas auffi certains qu'ils le font, en les fuivant on ne courroit aucun rifque, & que le rifque devenoit extrême pour ceux qui ne les fuivent pas.

Ne changeons point l'état de la queftion, & alors l'argument qu'on nous oppofe tombera de lui-même. Quand il feroit vrai, ce qui n'eft pas, que nul fyftême en fait de Religion ne foit fufceptible de démonftration directe;

recte ; il feroit encore vrai que tous les fyftêmes étant également douteux, le parti que prend le Chrétien de vivre felon l'Evangile, n'expoferoit à aucun danger, ni pour ce monde ni pour l'autre, & que le parti que prennent les impies rendroit leur état extrêmement critique, & pour le temps & pour l'Eternité?

D'où il réfulte que le Chriftianifme feul procure l'efpèce de fûreté que tout homme fage doit avoir en vûe dans le choix d'un parti d'où dépend fon bonheur.

Que l'on dife à un malade voilà un reméde qui peut guérir, qui du moins ne fçauroit faire de mal. Si vous le prennez, vous ne rifquez rien ; fi vous ne le prennez pas, ou fi vons lui en fubftituez un autre, il n'eft pas certain qu'il ne vous en arrive beaucoup de mal. Le choix ne feroit-il pas décidé par là même.

Voilà précifément la fituation de l'homme qui a la perfpective d'une Eternité à craindre. On lui propofe le Chriftianifme & l'Irreligion comme deux remèdes, dont le premier ne peut en aucune maniere lui être

K

funeste, & dont le second peut très-
bien occasionner sa perte éternelle.
Lequel préférera - t - il, s'il lui reste
un peu de raison ?

Je demande à l'Incrédule lui-même : Si un ami fidèle vous avertissoit
qu'on vient d'expédier des ordres supérieurs pour se saisir de votre personne, & pour vous faire votre procès ; qu'on doit vous juger selon les
anciennes Loix, qui condamnoient
au feu tout homme convaincu d'impiété ; vous obstineriez-vous à rejetter
cet avis important, sur ce que cet
ami ne seroit peut-être pas en état de
l'appuyer d'une démonstration directe ? Les vraisemblances & les proba-
bilités ne vous suffiroient-elles pas ?
Et ne trouveriez-vous pas que le plus
sûr seroit de vous éloigner du péril
par une prompte évasion ? Répondez
sincerement ; & vos aveux renferme-
ront la condamnation de votre conduite sur le fait de la Religion.

Le Philosophe moderne réduit à un Scepticisme affecté.

Plutôt que de se rendre à des raisons qui ne souffrent aucune réplique, les Incrédules prendront le parti de dire avec les Sceptiques, qu'ils doutent de tout. Ce doute de leur part ne sera point précisément le doute méthodique de Descartes, inspiré par l'amour de la vérité, & consacré au dessein de la connoître ; ce sera le doute des Pirrhoniens : un doute qui se borne à tenir l'esprit dans une suspension habituelle & réfléchie qui interdit la recherche, & qui exclut l'aveu de la vérité.

Ils prétendront qu'ils doutent de l'existence de Dieu, de la spiritualité de leurs ames, de la réalité même des êtres qui paroissent remplir l'univers. Ils prétendront ignorer s'il y a sur la terre d'autres hommes qu'eux ; si même leur existence propre n'est point imaginaire. Ils en viendront jusqu'à dire, qu'ils doutent si leur esprit a la faculté de douter.

A la vérité, des gens qui en sont réduits là ne peuvent gueres obtenir

de crédit hors de l'enceinte des Peti-
tes-Maiſons. Pour confondre cette
folle prétention, il ſuffiroit de faire à
ces gens-là quelque inſulte un peu
caractériſée ; nous verrions le doute
diſparoître, le reſſentiment éclater, les
invectives ſe répandre, le fiel couler
avec abondance.

Ne nous arrêtons point à faire ſentir l'abſurdité & l'inconſéquence de
leur conduite. Ce ſont des perſonna-
ges que l'on peut jouer ſur le théâtre ;
mais ils ne méritent pas qu'on s'attache à les réfuter dans un écrit ſerieux.

L'état de doute en général ne mene à rien. Il n'écarte aucun danger, il
ne remédie à aucun mal. Il laiſſe les
choſes en ſuſpens, il ne les décide pas.
Tant que je ne fais que douter, je ne
ſuis pas certain qu'il y ait un Paradis
& un Enfer ; je ne ſuis pas certain non
plus que l'un & l'autre ne ſoit pas.
Cette incertitude eſt effroyable & déſeſpérante. L'état eſt trop violent pour
que je ne m'efforce pas d'en ſortir. Il
trop de dangers pour que j'y perſéver
de ſang-froid.

Le doute ; quel bouclier, quelle dé-
fenſe pour repouſſer des traits qui ſon

à craindre ! Dans toutes les affaires de la vie, quand il s'agit de prendre un parti, l'homme qui s'entêteroit de l'idée de douter de tout, ne seroit qu'un fou à enfermer. Dans l'affaire du salut & de l'éternité, l'homme qui doute, & qui prend le doute pour la décision de toutes choses, est un furieux qu'on ne peut qualifier trop durement.

Le Philosophe moderne dépouillé du manteau philosophique dont il prétend s'envelopper, & sommé de prononcer.

Incrédules ; voilà la futilité de tous vos subterfuges mise en évidence. Jugez impartialement des choses. Ne souffrez point que la voix de vos passions prévale sur celle de l'équité. Il s'agit de vous décider entre l'impiété & le Christianisme. Répondez. De quel côté risque-t'on le moins ? Vous dites : Je ne suis pas Juge, je suis Philosophe.

Vous n'êtes pas Juges ? Et tous les jours vous prononcez d'un ton absolu, vous décidez souverainement, vous voulez qu'on vous en croye, & vous traitez de gens sans esprit &

fans connoiffances ceux qui ne vous croyent pas.

Vous êtes Philofophes ! A en juger par vos difcours, par vos écrits, par votre conduite, on ne s'en douteroit pas. A quelle école de philofophie avez-vous appris à débiter pour maximes, comme vient de le faire l'Auteur de l'*Efprit*, que les plaifirs des fens font l'unique objet des defirs de l'homme ; que l'efpoir ou la crainte des peines ou des plaifirs temporels font auffi propres à former des hommes vertueux, que l'efpoir ou la crainte des peines & des plaifirs éternels ; que l'ame eft un être qui n'a pour toute faculté que la fenfibilité phyfique.

Que l'ame eft une puiffance à laquelle on ne peut attribuer autre chofe que la force & le mouvement; qu'étant affujettie comme le corps à des attractions & à des inerties, il ne faut pas croire qu'elle foit capable d'aimer la divinité & de la poffeder.

Les Philofophes les plus décriés dans l'antiquité, ont-ils jamais avancé rien de fi déteftable ? Epicure lui-même, le plus zélé partifan de la volupté, a-t'il osé dire que les plaisirs des sens fussent l'unique objet des desirs de l'homme ?

Ecoutons l'Orateur Romain ; il nous garantira qu'Epicure disoit hautement, qu'on ne peut vivre heureux, si l'on ne vit avec honnêteté, avec sagesse, avec équité. Faites-vous des principes plus raisonnables & plus décens, avant d'oser vous dire Philosophes.

Vous êtes Philosophes ! Soyez-le, j'y consens. Dès-lors j'aurai droit d'exiger de vous, de la suite, de la liaison, de la conséquence dans vos raisonnemens, de la justesse dans vos idées, de l'impartialité dans vos jugemens. Répondez-moi donc nettement. Le parti que j'ai pris de vivre en Chrétien m'expose-t'il à quelque risque ? Celui que vous prenez de vivre en impies est-il exempt de tout danger ?

Je vous somme de satisfaire à cette question, d'y satifaire philosophiquement ; c'est-à-dire, sans ambiguité & sans détour, avec raisonnement & persuasion ; & je vous défie de ne pas en venir à cette conclusion nécessaire, que j'ai pris le parti le plus sûr, &

K iv

que vous vous êtes décidés pour le parti le plus critique.

Ascendant victorieux du Christianisme sur la Philosophie moderne.

La religion Chrétienne a tant d'avantage sur tous les systêmes d'irréligion, que les incrédules n'osent presque jamais l'attaquer ouvertement. Libres & ne déguisant rien dans les conversations, hardis même jusqu'à l'impudence dans leurs indécentes railleries, ils n'osent hazarder ouvertement contre la Religion leurs blasphêmes, que dans des Ecrits anonymes, qu'ils peuvent désavouer quand il leur plaît.

Dans les Ecrits qui portent leur nom, ils procédent contre elle avec artifice & ménagement. Ils ne font aucune difficulté de lui donner les louanges qu'elle mérite ; & en palliant ainsi les traits qu'ils ont envie de lui lancer, ils cherchent à jetter un voile sur les coups dont ils la frappent en traîtres.

C'est ainsi qu'en a usé l'Auteur de

l'*Esprit* : Il n'a pas fait difficulté de payer au Christianisme un tribut simulé d'estime, de louer la douceur & la beauté de ses loix, de les déclarer capables d'élever l'homme à l'héroïsme & à la sainteté ; mais ensuite il a sçû lui livrer mille attaques indirectes, en se déchaînant contre ce qu'il nomme les dévots, ennemis de la Philosophie.

A l'exemple de tous ceux qui de nos jours ont arboré le vain étendard de la Philosophie, il prodigue les déclamations & les injures contre ce qu'il nomme le fanatisme & la superstition. Et on sçait bien que ces deux mots dans l'intention & dans le jargon des impies, ont un sens identique avec ceux de zèle & de religion.

On voit par là que cette moderne philosophie n'est dans le vrai qu'une impiété cachée sous de spécieux dehors, & une impudence plus que cynique couverte par des voiles malheureusement trop transparents.

✳

F v

Imputation calomnieuse des Philosophes modernes, tournée à la gloire du Christianisme.

Ils ont grand tort d'accuser les Chrétiens de haïr la Philosophie, de ne pouvoir même en supporter le nom. Nous connoissons l'utilité de la Philosophie autant qu'eux & mieux qu'eux. Nous l'employons avec confiance dans toutes les choses qui sont vraiment l'objet de ses recherches. Nous respectons l'usage qu'en ont fait les Philosophes de l'antiquité, pour parvenir à des découvertes utiles au genre humain ; nous approuvons leurs intentions & leurs efforts.

Nous observons seulement qu'il falloit des lumieres qu'ils n'avoient pas, pour dissiper en fait de morale, les ténèbres dans lesquelles le Genre humain étoit enveloppé ; que le Christianisme nous a apporté ce jour favorable ; qu'il a étendu la sphere de la vraie philosophie ; qu'il a perfectionné ses connoissances, assuré & augmenté ses découvertes, épuré & ennobli ses principes.

Le Chriſtianiſme ne condamne &
ne réprouve que cette philoſophie déraiſonnable qui s'acharne à abolir tout
culte de la divinité, à combattre & à
rendre incertaine l'exiſtence de la Divinité même ; cette Philoſophie deſ-
eſpérante qui cherche à dépouiller
l'homme de ſes plus beaux droits &
de ſes plus eſſentielles prérogatives,
à le dégrader au rang des brutes, & à
borner ſa béatitude à leurs plus mé-
priſables inſtincts.

Cette Philoſophie arrogante qui
n'oppoſe aux légitimes raiſons, que
d'indécentes railleries & de groſſieres
injures ; qui traite d'ignorants & d'eſprits bornés tous ceux qui n'adoptent
pas aveuglement toutes les affirmations qu'il lui plaît de hazarder ; Philoſophie, qui portant ſur ſon front les
caractères de ſon infâmie, ne laiſſe pas
d'être devenue aujourd'hui la Philoſophie à la mode.

C'eſt elle qui donne le ton. Elle
s'inſinue de cent manieres différentes.
Son poiſon ſe trouve répandu & apprêté dans les Livres de morale, dans
les ouvrages de phyſique, dans les
Hiſtoires générales & particulieres,

K vj

dans les Dictionnaires & les Enciclo-
pédies, dans les Traités de politique,
dans les projets concernant l'Agricul-
ture, le commerce & les Arts ; dans
les relations de voyages, dans les
piéces dramatiques, dans les brochu-
res périodiques, dans le très-grand
nombre d'écrits qui composent notre
littérature. C'est par là qu'elle a infecté les sociétés, les états, les conditions.

Les droits de la probité établis contre
l'Auteur de l'Esprit.

Envain pour nous raffurer contre
les progrès de cette indigne Philofophie, l'Auteur de l'*Esprit* ose révoquer en doute l'utilité des vertus
privées. « Qu'importe, dit-il, au
» Public, la probité d'un particulier ?
» cette probité ne lui est presque d'au-
» cune utilité.

En établissant de pareilles maximes, les prétendus Philofophes loin
de nous raffurer, augmentent nos juf-
tes inquiétudes. Qu'est-ce après tout,
que la société ? finon l'affemblage de
tous les particuliers ? Et une fociété

peut-elle être sûre, si elle n'est composée que de particuliers sans probité
& sans vertu ?

On sent combien il seroit utile à la
société, que les honnêtes gens y fis-
sent le plus grand nombre, & qu'ils
y eussent assez de crédit pour en ban-
nir toutes les fraudes & toutes les in-
justices. Il étoit réservé à la Philosophie de notre siecle d'établir en maxime que les honnêtes gens sont inutiles à la société.

Hé que deviendrions nous, quelle
sûreté aurions-nous pour nos biens,
pour notre honneur, pour notre vie-
même, si la société qui nous environne n'étoit composée que de fripons
& de brigands ! Rougissez indignes
Philosophes, d'avoir eu au nombre de
vos sectateurs, un homme capable de
débiter à la face de l'univers une maxime si détestable.

Apprenez, si vous l'ignorez, que
la probité des particuliers importe infiniment au public & à vous même.
Vous préserve le Ciel, que la maxime contraire vînt à dominer dans les
esprits, & qu'elle fît naître au milieu
de nous les monstres qu'elle est capable d'enfanter.

Premiere récapitulation des trois Parties de cet Ouvrage.

Reconnoissez les affreux égaremens où mene la licence de vos systêmes. Comprenez la nécessité de mettre un frein au libertinage des idées qui bouleversera tout s'il n'est pas arrêté. Cherchez-le ce frein dans la religion de vos peres : religion sublime dans ses dogmes, sainte dans ses préceptes & dans sa morale.

Religion aussi ancienne que le monde, qui a pour elle les monumens les plus autentiques & les moins suspects, qui est appuyée sur des prophéties littéralement accomplies au tems marqué, qui s'est établie par des miracles incontestables & sans nombre ; qui a pour garants la constance de plusieurs millions de martyrs, les lumieres & le zèle d'une nuée de Docteurs profonds en science & éminents en sainteté.

Une Religion qui peut seule, dans les maux de la vie, nous procurer les consolations nécessaires, nous adoucir le passage effrayant de la mort à l'éternité : une Religion qui donne tout à gagner pour l'autre vie, & qui a un empire si naturel sur les cœurs, que selon l'expression de Bayle lui-même, les Athées prennent le parti de mourir dans son sein, pour plus grande précaution, *ad majorem cautelam :* une Religion enfin, qui porte tous les caractères de vérité, & avec laquelle nul autre système de croyance ne peut entrer en comparaison.

Récapitulation ultérieure & raisonnée.

Pour terminer cet Ouvrage d'une maniere qui assure plus parfaitement son effet, il est important de joindre ici une récapitulation exacte & abregée de toutes les vérités qui y sont établies. Ce tableau mis sous les yeux des Lecteurs contribuera sans doute à rendre leur satisfaction plus complette ; & en rassemblant les rayons de la lumiere, il la fera briller avec plus d'éclat.

Les hommes ont naturellement l'idée du bien & du mal, du juste & de l'injuste. Cette idée répandue dans tous les esprits, n'est pas dans sout

également développée. Cette idée est
la source de tous les liens de la société, & le principe de toutes les loix
qui la reglent : les sociétés sont plus
ou moins parfaites, selon que cette
idée est plus ou moins exacte dans les
esprits ; & cette idée a plus ou moins
dégénéré, selon qu'on s'est écarté plus
ou moins des notions originaires &
primitives.

Dans tous les tems & chez toutes
les Nations, on a dit qu'une action
étoit bonne ou mauvaise, juste ou injuste, conforme ou contraire à l'ordre, digne ou indigne de l'homme
d'honneur & de probité.

Nous ne nous sommes point donnés à nous-mêmes cette idée générale du bien & du mal. Elle nous est
aussi naturelle que la faculté de penser & de vouloir. Elle la suit nécessairement, & dérive de la même source.

Cette idée suppose indispensable-
ment une loi & un Legislateur. Il ne
peut y avoir d'idée de bien & de mal,
qu'autant qu'il peut y avoir dans les
choses de la conformité ou de l'opposition à une loi connue. Il faut mê-

me que cette conformité & cette opposition supposent dans celui qui agit
l'examen, la délibération, & par conséquent la liberté.

Ce qui n'est qu'un effet de ce qu'on
nomme la nature, le hazard, ou le
destin, ne peut être ni bon ni mauvais, ni juste ni injuste; par cela seul
qu'il exclut tout examen & toute délibération. Tout ce qui est fixé par
une nécessité inévitable, ne peut donner lieu à un choix, à une préférence; & ce n'est que dans la préférence
donnée avec connoiffance de caufe,
que le bon ou le mauvais peut con-
sister.

On ne blâme point une meule de
moulin de ce qu'elle est en mouvement ou en repos. On ne fait point
un mérite ou un démérite à la fumée,
de se dissiper en l'air lorsqu'elle y trouve un accès libre, ou de noircir un
appartement lorsqu'on l'y tient ren-
fermée.

Il est donc évident que l'idée naturelle du bien & du mal suppose une
loi établie à laquelle on est obligé de
se conformer; & qu'elle exige de la
part de celui qui agit, la connoiffan-

ce de cette loi, & la liberté d'y désobéir ou de s'y soumettre; que c'est
cette liberté seule qui fait le mérite
ou le démérite, qui fonde le châtiment & la récompense, qui autorise
le blâme & les louanges.

Ces principes certains une fois admis: je demande à tout homme judicieux & impartial, en supposant qu'on
l'eût constitué dépositaire & distribu-
teur des châtimens & des récompenses, s'il ne croiroit pas qu'il fût de
son devoir de réserver les plus grandes récompenses à ceux qu'il jugeroit
les plus justes, les plus exacts à maintenir l'ordre & à observer la loi; si au
contraire, il ne se croiroit pas obligé
de faire souffrir les plus grandes peines à ceux qu'il jugeroit les plus injustes, les plus indociles & les plus
méchans.

Il n'est pas possible de disconvenir
que ce ne soit là l'idée essentielle de
la justice distributive. Cette notion est
universelle parmi les hommes. Elle est
gravée dans la plus intime substance de leur ame; & elle ne peut être
le simple effet de leur organisation qui
se diversifie à l'infini dans les individus.

Telle doit donc être, de l'aveu de tous les hommes, la conduite de tout Législateur équitable, & de tout préposé à la manutention de la Loi. Ils ne manifesteroient qu'une tyrannie insensée, s'ils punissoient plus sévérement ce qui est moins injuste, s'ils recompensoient moins libéralement la meilleure action, ou s'ils punissoient celui qui fait bien, & s'ils recompensoient celui qui fait mal.

Il est donc de l'intérêt de chaque homme en particulier, de se bien instruire de la nature & de l'étendue de la loi qu'il doit observer, afin d'y conformer exactement sa conduite, & de s'y animer par l'espérance du bonheur qui ne peut manquer d'être le salaire de sa fidélité, & par la crainte du châtiment qui doit être la suite inévitable de sa désobéissance.

Avant toute Loi positive & écrite, l'homme n'étoit pas sans Loi, puisqu'il connoissoit dès-lors le bien & le mal, le juste & l'injuste. Il vivoit sous la direction de la Loi de nature que Dieu avoit gravée au fond de son cœur, en lui donnant l'intelligence pour connoître ce qu'il devoit faire, & la liberté

pour s'attacher méritoirement à ses devoirs.

L'homme alors ne pouvoit être
agréable à son Dieu, il ne pouvoit être
en paix avec lui-même, qu'autant qu'il
étoit attentif & constant à ne point
s'écarter des principes de cette Loi naturelle, devenue sa régle & son guide.
Les passions de l'homme opposoient
un grand obstacle à l'execution de cette
Loi.

L'homme séduit par des attraits sensibles, étoit habituellement en danger
de préférer l'intérêt au devoir, le plaisir d'une inclination satisfaite à la contrainte d'une obéissance genante. Les
passions trop souvent victorieuses, obs-
curcirent aux yeux de l'homme le flambeau de la Loi naturelle.

Il tomba dans l'oubli & l'ignorance
de plusieurs de ses obligations les plus
essentielles ; ces ténèbres de son esprit
augmenterent la corruption de son
cœur, & par une réaction qui n'est
malheureusement que trop ordinaire,
plus son cœur se corrompit, plus son
esprit vit s'épaissir le nuage qui lui
déroboit les idées originaires & primitives.

Dieu touché du malheur de l'homme, daigna par pure miséricorde se manifester particulierement à une portion des humains. Il choisit un peuple qu'il rendit dépositaire d'une Loi écrite, capable de fixer les doutes & les incertitudes que l'empire des passions avoit fait naître au préjudice de la Loi naturelle ; une Loi qui n'étoit que le développement des idées originaires & primitives, & qui devoit servir à dissiper efficacement les nuages & l'obscurcissement répandu depuis long-tems sur ces idées.

Ce rayon de lumiere que Dieu fit paroître dans un seul endroit de la terre, étoit destiné par sa bonté à éclairer tout l'univers. Il n'étoit que l'aurore du grand jour qui devoit par succession se répandre dans toutes les parties du monde. Dès que cette Loi écrite fut annoncée, l'homme dut chercher à s'assurer si effectivement cette Loi venoit de Dieu, & dès qu'il eût acquis cette assurance, il fut obligé de faire de cette Loi la regle essentielle & indispensable de sa conduite.

Cette Loi ne fut pas promulguée dans le secret. Dieu accompagna cette pro-

mulgation d'une multitude de prodiges destinés à constater la vérité de sa
parole, & à donner le plus grand poids
à la manifestation de ses volontés. On
le vit changer à son gré les Loix de
la nature, faire éclater en mille maniere
sa toute puissance, pour confondre les
hommes rebelles à sa voix, & pour
maintenir contre tous les efforts des ennemis de sa gloire un peuple déterminé
à se soumettre à ses commandemens.

Dieu ne put opérer ces prodiges,
pour autoriser le mensonge & la supercherie, parce que Dieu est vérité, &
qu'il ne peut prêter l'appui de son bras
que pour la destruction de l'erreur. Une
Loi qui a été garantie par des miracles, est donc essentiellement une Loi
vraie, parce que les miracles sont la
voix de Dieu, qui ne peut jamais ni
tromper ni être trompé.

Je n'ai pas été témoin oculaire de
ces miracles, je n'ai point assisté à cette
pompeuse révélation pendant la pro-
mulgation de laquelle on vit les mon-
tagnes fondre comme de la cire en présence du Seigneur. Je n'ai point vû de
mes yeux l'auguste appareil de majesté
& de puissance dont Dieu fit accompa-

gner cette fameuse manifestation.

J'en ai été feulement inftruit par une tradition non fufpecte. Des témoins oculaires ont configné dans des écrits qui font parvenus jufques à moi la mémoire de cette foule de miracles que Dieu opéra avec éclat à la vûe d'une multitude innombrable, pour attefter l'origine célefte de la Loi qu'on m'affure être la fienne.

Il eft de mon intérêt & de mon devoir de ne négliger aucune des reffources que peut me fournir ma raifon pour m'en éclaircir, afin que je n'aye pas à me reprocher ou d'avoir rejetté cette Loi trop légerement, ou de l'avoir adoptée fans connoiffance. Mais ai-je des moyens de m'affurer de la vérité d'un fait fi ancien ? C'eft ce qu'il importe d'examiner.

La vérité des faits furnaturels ne demande point un autre genre de preuves, que la vérité des faits naturels. Ceux qui les obfervent, n'ont befoin que du témoignage de leurs fens qui ne fçauroient prendre uniformement le change. Ceux que l'éloignement ou la diftance des tems met hors d'état d'obferver ces faits par eux-mêmes, n'ont befoin pour en être convaincus, que de l'autorité d'une multitude de témoignages qui les leur atteftent. Ces témoignages peuvent être tels qu'ils rendent la chofe auffi certaine que fi on l'avoit vûe de fes propres yeux.

Chimérique prétention des Philofophes modernes.

Les prétendus Philofophes n'ont pas raifon, lorfqu'ils difent que des faits furnaturels deviennent d'autant moins croyables qu'ils font plus furnaturels, à caufe que l'entremife de la Divinité y devient plus néceffaire ; & que plus les faits font éloignés, moins ils font croyables, la diftance des lieux & des tems diminuant néceffairement la force des preuves.

Cette prétention de leur part n'eft point du tout philofophique. S'ils vouloient bien n'écouter que leur raifon, ils conviendroient que les faits furnaturels, quelque étonnans qu'ils puiffent être, n'ont que les fens pour juges, ainfi que les faits naturels.

Je n'ai befoin que de mes yeux pour être convaincu qu'un homme que j'ai vû vû hier mort & bien mort, & que je vois aujourd'hui plein de vie, est un homme ressuscité : ou plutôt les preuves du miracle ne portent que sur des faits tout-à-fait naturels ; le miracle ne consistant que dans le passage naturellement impossible d'un fait naturel à un autre fait naturel. Que Pierre ait été vû mort hier, c'est un fa t purement naturel, & qui n'a que mes sens pour juge. Que Pierre soit vivant aujourd'ui, c'est un autre fait naturel qui n'a pas besoin d'une garantie differente.

Qu'un homme mort hier soit vivant aujourd'hui, voilà le miracle que j'infere de l'impossibilité naturelle du passage de la mort à la vie. Alors c'est ma raison qui juge, & mes sens sont les seuls témoins sur lesquels elle appuye son jugement.

Les faits de quelque espèce qu'ils soient, ne peuvent se constater que par le même genre de preuves. Tout un peuple a passé la mer à pied sec. Les flots se sont divisés & suspendus pour ui ouvrir un passage. Pour être assuré le la vérité de ce fait, il n'a fallu que e témoignage des yeux.

Les yeux en ont jugé aussi sûre-

ment qu'ils jugent de la situation ordinaire de cette mer ; & le peuple qui
a vû les flots se suspendre devant lui,
& reprendre bien-tôt leur mouvement
pour engloutir ses ennemis, a été
pleinement assuré de la vérité de ce
fait en le voyant.

Les faits naturels ou surnaturels qui
sont éloignés de nous par la distance
des lieux & des tems, se prouvent également par la force plus ou moins
énergique des témoignages qui les annoncent. Par exemple, on vient d'élire
en Pologne un Roi selon les principes
& les Loix de cette Monarchie élec-
tive.

Tout le corps de la Noblesse Natio-
nale s'est assemblé. Les Ambassadeurs
des Candidats, ainsi que ceux des di-
verses Puissances de l'Europe ont assisté à cette Election. Les Peuples de ce
Royaume ont vû le Souverain élu.
Tous ces gens là savent la vérité du
fait par le témoignage de leurs sens.
Ils ont été témoins de la proclamation
qu'on a faite du nouveau Roi, des actes dressés pour le reconnoître, des cérémonies de son couronnement. La
nouvelle de cette Election se répand

dans les différentes contrées de l'u-
nivers.

Elle n'est point contredite, les témoignages ne varient point, ou s'ils
varient, ce n'est point sur ce que l'é-
venement a d'essentiel, c'est tout au
plus sur des circonstances peu intéres-
santes. Je me tiens dès-lors aussi assuré
& aussi convaincu de la vérité de ce
fait, que si j'avois moi-même assisté ou
contribué à cette Election. Voilà pour
la distance des lieux.

Il en est de même de la distance
des tems, qui ne souffre pas plus de difficulté que la distance des lieux.
Alexandre, jeune Prince Grec assez
peu puissant, prend le parti de quitter
la Macédoine son Etat héréditaire. Il
marche en Asie avec ses troupes. Il la
parcours plutôt en Voyageur, qu'en
Conquérant. Darius lui oppose en vain
une armée innombrable. Une prompte & entiere défaite rend Alexandre
maître de ses Etats.

Il passe aux Indes. Il combat & dé-
fait Porus. Il meurt à la fleur de son
âge, presque maître de l'Univers. Toute l'Histoire sacrée & profane atteste
la rapidité de ses Conquêtes & sa mort

prématurée. Je n'ai aucune raison de
suspecter le témoignage des Historiens,
qui rapportent ces faits sans contradiction. Je puis tout au plus porter
mes doutes sur certains détails où je ne
vois pas la même certitude. Je suis
donc, malgré l'immense distance des
tems, aussi assuré de l'existence d'A-
lexandre & de ses victoires, que si j'en
avois été témoin oculaire.

Voilà précisément le genre de certitude qui dépose en faveur de la Religion. Elle a eu trois Etats successifs
depuis l'origine du monde, Religion
naturelle sous le regne des Patriarches;
Religion révélée imparfaitement sous
le regne de Moïse ; Religion révélée
pleinement sous le regne de Jesus-
Chrift.

Cette Religion que nous professons
& qui fut toujours la même quant au
fonds, est fondée sur des témoignages
que nous prétendons irrécusables. Il
ne doit donc être question entre les
Incrédules & nous , que de discuter
l'autorité & la force de ces témoignages.

Cette discussion doit avoir pour premier objet la canonicité & l'autenticité

de l'Ancien Teftament, qui n'a été à proprement parler que l'annonce & la préparation du Nouveau. Il eft queftion d'examiner fi les Livres de cet Ancien Teftament dans lefquels l'Hiftoire de la Révélation fe trouve confignée ont été altérés depuis Moïfe, ou s'ils font parvenus jufqu'à nous fans altération.

J'ai fait voir dans la premiere partie de cet Ouvrage que quelque amour qu'on puiffe avoir pour la difpute, & quelque envie que l'on ait de ne céder à la Religion que le moins qu'on peut, il n'étoit pas poffible de fupofer avec quelque apparence de raifon, que les Livres de l'Ancien Teftament ayent fouffert la moindre altération dans l'effentiel des faits.

Le fecond objet de la difcuffion doit être le Nouveau Teftament où fe trouve le développement & le complément de l'Ancien; le premier entaffant les figures dont le fecond préfente les réalités, celui-là étant rempli d'énigmes dont l'explication ne fe trouve, & de promeffes dont l'accompliffement ne fe voit que dans celui-ci.

A la Loi de crainte qui avoit regné

depuis Moïse, Jesus-Christ eſt venu ſubſtituer la Loi d'amour. Il a prouvé la Divinité de ſa miſſion par des miracles de toute eſpèce opérés publiquement, en préſence de ſes plus grands ennemis, & de maniere à déconcerter leur amere critique. Il y a mis le comble en ſe reſſuſcitant lui - même après trois jours paſſés dans le tombeau.

Cette réſurrection qu'il avoit prédite, ainſi que ſa mort & toutes les horreurs dont elle fut accompagnée, a été atteſtée unanimement & conſtamment par ſes Apôtres qui l'ont vû après ſa Réſurrection, qui ont converſé avec lui, qui ont pris toutes les précautions imaginables pour s'aſſurer que les apparitions de leur Maître n'étoient point une illuſion de leurs ſens, & qui ont tous été témoins de ſon Aſcenſion glorieuſe dans le Ciel, après un ſéjour de quarante jours au milieu d'eux.

Ils ont tous ſans exception donné leur vie pour atteſter cette vérité. Ce n'étoit point après tout une de ces vaines ſpéculations qui peuvent être l'ouvrage d'un eſprit préoccupé, & dans leſquelles il eſt aſſez ordinaire à l'homme de ſe méprendre. C'étoit un fait de notoriété publique, à l'égard duquel il fut impossible à leurs sens de les faire donner dans l'erreur, sur-tout après les précautions qu'ils prirent avec défiance pour se garantir de toute surprise, Dieu voulant que leur incrudélité, poussée aussi loin qu'elle pouvoit l'être, fît la sureté de notre foi.

Ces Apôtres ont confirmé leur témoignage par des miracles éclatans. On a vû leurs Disciples mêmes recevoir d'eux par communication le pouvoir d'en opérer à leur exemple. Ce don des miracles, sans en excepter le moins équivoque, le don des langues, a été long-tems une merveille, presque commune parmi les premiers Disciples de Jesus-Christ.

L'établissement de sa Religion a suivi de près sa Résurrection triomphante. Les Lettres de S. Paul fournissent la preuve qu'il y avoit de son tems plusieurs sociétés de Fidèles établies en divers lieux. La date de ces Lettres est incontestable ainsi que leur envoi & leur réception. Tout ce que les Apôtres ont annoncé, est soutenu avec une fermeté inébranlable par les premiers Chrétiens.

L iv

Les Contemporains les plus intéressés à réfuter leur témoignage, n'o-
sent le contredire. Les ennemis même
du Christianisme sont obligés de dépo-
ser en leur faveur ; & nous avons encore les aveux des Payens qui se sont
conservés jusqu'à nous , & qui sont
une confirmation bien frappante des
choses dont nous trouvons le récit dans
le Nouveau Testament. Les rapides
progrès du Christianisme dans toutes
les parties du monde, & les Martyrs
sans nombre qui dans tous les lieux lui
ont rendu témoignage au prix de leur
sang, ajoutent un nouveau dégré de
force à toutes les autres preuves qui
démontrent la Divinité de cette Religion.

Les Hérésies affermissent le Christianisme.

Alléguera-t-on contre elle la multitude des hérésies qui sont nées dans
son sein ? Il est naturel à l'homme qui
se plaît a abonder en son sens, de souffrir impatiemment le joug qui tient ses
opinions captives. Il n'est donc pas
étonnant que plusieurs Chrétiens peu
attentifs à conserver la grace de la foi,

ayent donné dans l'erreur, & qu'ils
ayent méprisé l'autorité de l'Eglise
pour suivre obstinément les impressions
de leur esprit particulier.

Cette défection d'une partie des
Fidéles a été prédite par Jesus-Christ.
Elle est devenue encore avantageuse
pour constater d'une maniere plus précise les vérités révélées. On a vu les
hérésies se succéder. Les Sectes se font
formées & divisées. Elles ont eu toutes la présomption de se prétendre &
de se dire l'Eglise de Jesus-Christ, &
de vouloir que leurs usages & leurs enseignemens fussent les seuls légitimes.
Mais la vraie Eglise de Jesus-Christ
s'annonce par des caractères trop sensibles, pour qu'on puisse la méconnoître & s'y méprendre.

Jesus-Christ a dit à ses Apôtres, allez, enseignez toutes les Nations. Celui qui vous écoute, m'écoute.... Je
suis avec vous jusqu'à la consommation
des siécles.... Vous êtes la lumiere
placée sur le chandelier... Je vous ai
établis sur la pierre ferme, rien ne
pourra ébranler ce fondement... Quiconque viendra heurter contre cette
pierre se brisera, & celui sur qui elle

L v

tombera, elle l'écrasera.... Destinés à éclairer l'univers, c'est du haut de la montagne que vous répandrez votre lumiere.

La vraie Eglise doit être celle qui remonte de siécle en siécle jusques aux Apôtres, & dont les Pasteurs ont reçu leur autorité & leur Mission de ceux à qui Jesus-Christ lui-même l'avoit donnée, & qui l'ont reçue par une succession de Ministère qui n'a jamais été interrompue.

Chercherons-nous ce caractère dans une foule de Sectes qui ne font que comme autant de branches séparées du tronc, à qui il ne reste plus ni séve ni vie ? Il est bien évident que ces Sectes ont une origine plus récente que la vraie Eglise dont elles sont sorties. On sçait l'époque de leur origine. On nomme leurs Auteurs, qui bien loin d'avoir reçu leur Mission des Pasteurs légitimes, en ont été anathématisés, & qui s'en sont séparés eux-mêmes pour bâtir une édifice de Religion à leur gré ; lequel n'étant point établi sur le fondement apostolique, a conservé toute l'instabilité des inventions humaines, & la fragilité des édifices bâtis sur le sable.

Cette séparation des Sectes dont on connoît le principe & l'occasion, est une preuve sans réplique qu'elles n'appartiennent plus au corps mystique de Jesus-Christ. C'est dans la succession du ministère Apostolique, qu'il faut chercher les caractères & les avantages distinctifs de la vraie Eglise. Il subsiste encore ce ministère dans toute son intégrité. Les Pasteurs & le Chef de l'Eglise Catholique, tiennent tous par une chaîne sans interruption aux premiers Apôtres de Jesus-Christ.

Leur ministère est visiblement le même que celui de Jesus-Christ. Les Sectes n'ont eu la plûpart qu'une durée passagere. Celles qui existent encore, finiront comme celles qui les ont précédées, la seule Eglise Apostolique regnera jusqu'à la consommation des siécles; les puissances de l'enfer ne devant jamais prévaloir sur elle, conformément à la promesse expresse de Jesus-Christ son Fondateur.

Si l'on ne cherche que la vérité, il est impossible que l'on trouve à balancer son choix entre l'Eglise Catholique & les differentes Sectes. Si des Sectes dont la naissance a été postérieure de beaucoup à l'établissement de la Religion, dont les progrès ont éprouvé l'opposition, la censure & les anathêmes des Pasteurs visiblement Successeurs des Apôtres, dont l'opiniâtreté a produit une séparation éclatante, pouvoient être mises en parallèle avec une Eglise qui est évidemment l'ancien tronc duquel toutes ces branches ont été tirées, il n'y auroit plus de regle pour discerner la vérité du mensonge.

L'esprit particulier deviendroit le seul guide pour décider du fond & de l'esprit de la Doctrine Evangélique. La Religion auroit autant de Juges qu'il se rencontreroit d'hommes audacieux. Il y auroit autant & aussi peu de dogmes qu'il plairoit à l'inconstance humaine d'en admettre ou d'en rejetter. La Religion ne seroit plus l'ouvrage d'un Dieu ; elle seroit continuellement altérée & corrompue par le caprice de l'homme.

Le dépôt de la révélation Divine ne peut se conserver sûrement que dans une société régie par un corps de Pasteurs visiblement établis par Jesus Christ, & assurés de son assistance spéciale. La vérité ne peut se maintenir invariable que dans l'enseignement commun de cette Eglise à qui Jesus-Christ a donné une autorité infaillible, & qu'autant qu'on écoutera sa voix comme celle de Jesus-Christ même.

Il ne peut y avoir de sûreté que pour celui qui croit & pratique l'Evangile.

Il n'est donc qu'un moyen de ne courir aucun risque sur le fait de la Religion, c'est de croire fermement, & de pratiquer fidellement tout ce que l'Eglise enseigne & ordonne. Si l'on est dans cette disposition, tout se réduira pour le fidèle à opérer son salut avec une crainte temperée par l'espérance, & avec une confiance mêlée de crainte.

Il faut opérer son Salut avec crainte, parce que le Dieu que nous servons est un Juge sévére qui examine les actions, qui sonde les intentions, qui pese les unes & les autres dans une balance où rien d'impur n'est admis, & qui punit rigoureusement les infidélités qui nous paroissent les plus légeres.

Il faut opérer son Salut avec confiance ; parce que le Dieu que nous servons est un Maître compatissant & miséricordieux, qui connoît notre foiblesse & notre impuissance, qui veut sincérement notre bonheur, & qui ne refuse rien à la ferveur de nos prieres.

Corollaires de ce qui a précédé.

Jusqu'à présent j'ai établi des principes certains ; j'ai tiré les conséquences qui en résultent avec évidence ; & ces conséquences m'ont mené à reconnoître que le Christianisme est la seule Religion dont la vérité puisse resister à toutes les épreuves d'une judicieuse critique.

Il est prouvé que se soumettre à la Foi, c'est se décider pour le plus croyable, pour le plus honnête, & pour le plus sûr. Dès-lors tout homme raisonnable doit se sentir obligé en conscience à embrasser le Christianisme, & à y persévérer.

Ce seroit mépriser formellement la vérité, que de ne pas donner une entiere préférence à une Religion qui a ces caractères, ou de la confondre avec d'autres qui ont des caractères tout-à-fait opposés.

On voit par tout ce qui a précédé, que l'étude de la Religion n'est à proprement parler que la discussion de certains faits historiques ; que tout se borne à bien examiner & à bien juger les témoignages qui nous garantissent ces faits importans ; que si ces témoignages se trouvent avoir toutes les qualités nécessaires pour prouver la vérité d'un fait historique, on ne peut plus être reçû à combattre la Religion par des objections Philosophiques ; encore moins par des doutes vagues, par des incertitudes affectées, par des conjectures arbitraires.

On n'est pas Philosophe, si l'on veut que la vérité d'un fait soit appuyée sur des démonstrations Métaphysiques. On est tout-à-fait dépourvû de raison si l'on prétend qu'un fait ne peut être cru que par ceux qui en ont été témoins oculaires.

✳

Avis nécessaire aux Fidèles dans les jours de séduction.

Avant de terminer cet Ouvrage, je dois avertir les Fidéles de se tenir en garde contre une maxime familiere aux Incrédules de nos jours. Quoiqu'ils méprisent également toutes les Religions, ils ne parlent sans cesse que de charité & d'indulgence, pour ceux qui ont une Foi contraire à la nôtre.

Ce mot de charité dans leur bouche a un sens fort éloigné de sa vraye signification. Ils prêchent avec zèle la tolérance, sans nous expliquer en quoi elle consiste, sans nous dire quels en sont les principes, jusqu'où elle doit s'étendre, & à quoi elle doit se borner. Le motif qui leur inspire ce langage, c'est l'intérêt qu'ils auroient à n'être pas combattus, & l'envie qui les posséde de répandre leurs blasphêmes sans contradiction.

C'est ce que vient de nous faire observer un Prélat respectable, à l'occasion de l'ouvrage intitulé *de l'Esprit* : « Jamais, dit-il, ils n'en assi-

» gnent les droits ni les bornes. Ja-
» mais ils ne diſtingent entre la to-
» lérance Eccléſiaſtique & la toléran-
» ce civile ».

En effet les impies pour parvenir
à leurs fins, affectent ſans ceſſe de re-
préſenter la Religion Chrétienne comme une Religion de charité, & de
condeſcendance. Nous avouons avec
eux que cette charité condeſcendante
en eſt le caractère diſtinctif : mais nous
ſçavons en même temps que cette charité ne l'a jamais engagée à ſe rendre
protectrice & complice des déſordres
qu'elle doit réprimer.

Nous ſçavons qu'elle s'eſt établie
par la deſtruction & ſur les débris du
Paganiſme & de toutes les Religions
fauſſes. Nous ſçavons que depuis dix-
huit ſiécles elle a condamné conſtamment tous les impies qui ont oſé dog-
matiſer & déclarer la guerre à la Divinité, & toutes les ſectes qui ont
déchiré ſucceſſivement le ſein dans lequel elles avoient été conçues. Nous
ſçavons qu'elle les a frappés de ſes
Anathêmes & livrés à ſatan.

Nous ſçavons même que cette rigueur de ſa part n'a rien de contraire

à l'esprit de charité & de condescendance qui la caractérise ; parce que
la vraye charité ne consiste point à
souffrir le mal que l'on peut & que
l'on doit reprimer. Elle exige au contraire qu'on use de tout le pouvoir
que l'on a pour en arrêter les progrès.

Contradiction de nos prétendus Tolérans.

Rien n'est plus contradictoire que
la conduite des Panégyristes de la tolérance ; la plûpart de ces hommes qui
veulent qu'on tolère tout en fait de
Religion, ont beaucoup de peine à
tolérer l'autorité des Souverains auf-
quels la Providence les a soumis. Ils
ne les souffrent qu'impatiemment au-
dessus de leurs têtes.

Parlent-ils comme saint Paul de leur
autorité & de l'obéissance qui leur est
dûe ? Avec quelle hardiesse au contraire ne s'expriment-ils pas au sujet
de leur pouvoir ? Font-ils difficulté
de le représenter comme une usurpa-
tion injuste & tyrannique ?

S'ils n'osent pas toujours attaquer
à découvert la Puissance dont ils dé-

pendent immédiatement, ils se mé-
nagent des objets de critique qu'ils
vont emprunter dans les régions
éloignées, dont ils supposent que le
fort & les malheurs nous intéressent
peu. Ils feignent de borner leurs ob-
servations & leurs invectives aux Gouvernemens étrangers qui passent pour
despotiques, ou qu'ils donnent pour
tels.

Mais on ne prend point le change;
& il est aisé de voir que ces discussions téméraires ne tendent qu'à manifester, avec quelque déguisement,
les sentimens d'indépendance & de révolte dont leur cœur est prévenu,
contre tout ce qui porte ici - bas le
caractère de l'autorité souveraine.

Ne les voit-on pas passer par des
nuances imperceptibles, jusques au
point de louer les attentats trop souvent renouvellés contre les Rois, qui
sont l'image de la Divinité. Et comment de tels hommes osent-ils parler
de tolérance? S'ils attachent quelque
idée à ce vain mot, que ne donnent-
ils de vrais exemples de tolérance?
En respectant, comme ils doivent,
l'autorité & la Religion établies dans

la société à laquelle ils font liés, en s'interdifant toute déclamation, & tout propos qui tendroit à affoiblir le crédit dont l'une & l'autre jouïf-fent.

Les atteintes qu'ils ne ceffent de donner dans leurs écrits à ces deux objects de la vénération publique, ne nous apprennent que trop que de tels hommes ne font rien moins que tolérans, & nous avertiffent fans ceffe de l'efpèce d'intolérance dont on doit ufer à leur égard. Ils veulent qu'on les tolére, & ne veulent rien tolérer de ce qui leur déplait. Par-là ils nous font notre leçon, & nous inftruifent de l'efpèce de conduite que nous de-vons tenir à leur égard.

Laiffons aux Souverains le foin de réprimer les hommes dont les maxi-mes font ouvertement ennemies de leur autorité. Les Puiffances Ecclé-fiaftiques & Séculieres ne peuvent faire un amas trop redoutable de leurs traits, pour rompre cette ligue de gens qui ont conjuré contre le Sei-gneur, & contre tous ceux qui le repréfentent. Ce qui me refte à faire c'eft de tracer au commun des Fidé-

les quelques régles de conduite, pour
leur servir de préservatif contre les
piéges d'une tolérance poussée trop
loin au préjudice de la Foi.

Règle de conduite vis - à - vis des Philosophes modernes.

Quelque forte que puisse être notre
détermination à persévérer jusqu'à la
fin dans la Religion de nos Peres,
nous pouvons être séduits. La Foi est
un don de Dieu; c'est un trésor que nous
portons dans des vases fragiles ; nous
pouvons également le perdre par notre
négligence , & par la malice d'autrui.

Défions-nous de nous-mêmes, de
la foiblesse de notre esprit. Ne nous
abandonnons point à cette curiosité
naturelle qui nous conduiroit à des
égaremens funestes , si nous ne pre-
nions pas le sage parti de la renfermer dans de justes bornes. Fuyons
avec soin tous ceux qui jouent l'indigne personnage d'Apôtres de l'incrédulité.

Interdisons-nous sur-tout la lecture
de leurs ouvrages pernicieux. Souvent
ils piquent notre curiosité par la sin-

gularité & la bizarrerie leurs titres.
Plusieurs s'annoncent par un caractère
si frivole, qu'ils semblent n'exiger aucune précaution & ne mériter aucune
défiance. Mais c'est dans ceux-là d'ordinaire que le poison est apprêté d'une
maniere plus artificieuse & plus efficace.

C'est commencer à manquer de foi,
que de se permettre la lecture des livres impies, contre le respect dû à
l'autorité de la Religion, qui l'interdit aux Fidéles. C'est s'exposer à faire
un prompt naufrage dans la foi; c'est
même l'avoir déja presque entierement
perdue, que de lire ces livres contagieux, sans leur opposer le contre-
poison des ouvrages solides composés
par les défenseurs de la Religion.

De l'estime des ouvrages, on passe
naturellement à celle des Auteurs. On
parvient insensiblement & par dégrés
à se rapprocher de leur sentiment, & à
goûter leur façon de penser. On finit
par s'en remplir & par s'en entêter.

L'expérience ne nous apprend que
trop les tristes effets de cette liberté
imprudente. Tout le monde sçait,
combien le style ingénieux & flatteur

de certains écrits des impies de nos jours, leur a acquis des partisans & de sectateurs. L'amorce au reste n'est ni nouvelle ni de leur invention.

Voici donc le seul plan de conduite que nous devons suivre à leur égard. Lorsque la nécessité des bienséances, ou des devoirs indispensables ne nous mettent pas dans le cas d'entretenir avec eux une liaison intime & habituelle ; nous devons nous prescrire vis-à-vis d'eux une froide politesse & une sage reserve qui leur en impose, en leur persuadant que la liberté de leurs propos ne leur réussiroit pas auprès de nous.

Si malgré cette précaution, ils ont la hardiesse de dogmatiser en notre présence, contentons-nous de leur demander, où donc ils ont puisé, en un temps si court & avec si peu d'étude, cette grande érudition dont ils font un étalage fastueux, & qui annonce les recherces & les discussions les plus sçavantes ?

Si c'est dans ces cercles où ils sont continuellement engagés, & qui ne sont connus que pour être des écoles de frivolité & d'indécence ? Si c'est à table, au jeu, aux spectacles, ou dans des lieux encore plus suspects, où ils passent leur vie ? Cette question qui peut convenir au très-grand nombre des Incrédules de nos jours, suffira pour les embarasser, & pour déconcerter leur petite Philosophie.

Evitons la dispute. Peu de gens sont en état d'en soutenir le choc avec la capacité nécessaire. D'ailleurs on ne gagne presque jamais rien par cette voye contentieuse, vis-à-vis de gens, qui attentifs à embrouiller le questions & à n'y mettre ni ordre ni suite, voltigent toujours de branche en branche.

La dispute avec eux ne mene qu'à des clameurs inconsiderées, à des propos decousus, souvent à des reproches aigres & méprisans, d'où il ne resulte autre chose sinon qu'on s'est passionné indécemment, & qu'on s'est époumoné pour ne point s'entendre.

Si cependant de tels gens osoient se prévaloir de votre modération, & prendre votre silence ou pour un ayeu de la supériorité de leurs raisons, ou pour une vraye impuissance de les satisfaire ; il faudroit alors leur faire sentir

tir toute l'horreur dont leurs blafphêmes vous faifiroit.

Il faudroit vous élever contre eux
avec cette noble confiance qu'infpire le bon droit & la vérité. Il faudroit, vous fouvenant que vous êtes
Chrétiens, c'eft-à-dire les enfans des
Apôtres & des Martyrs, vous mettre
au-deffus de toute confidération humaine, pour vous oppofer au triomphe de l'impiété, & pour ne pas lui
laiffer, dans un filence politique &
déplacé de votre part, l'occafion de
prétendre à des avantages également
honteux pour vous & pour la Religion.

Objection plutôt dictée par la foibleffe
que par la politeffe.

Ne me dites point au refte que la
politeffe veut que l'on vive en paix
avec tout le monde, & qu'on ne trouble point la fociété par des fcrupules
mal-entendus : Je réponds que ce n'eft
pas à nous mais aux impies qu'il faut
faire l'application de cette maxime.
Ils y trouvent leur devoir & leur con-

M

damnation. Ne sont-ils pas les premiers à troubler la société, en voulant dominer sur la façon de penser des autres, & en y portant ce ton pédantesque & décisif qui tyrannise la conversation ?

Je l'ai déja dit, on ne peut trop éviter la dispute : elle aigrit le cœur, & elle n'éclaire jamais l'esprit. Tant que la conversation roulera sur des objets indifférens, on pourra passer aux petits-Maîtres, leurs ostentations & leurs sottises ; aux Complaisans, leurs douceurs fades & puériles ; aux Esprits frivoles, leurs longues dissertations sur les modes, sur les parures & autres bagatelles de même considération.

Mais si la Religion est attaquée essentiellement, la chose devient trop sérieuse pour rester muet ou pour paroître indifférent. On auroit grand tort de mettre au rang de ces hommes pointilleux & mélancoliques, qui poussent l'esprit de contradiction à tous les excès, & qui font de tout occasion de dispute, un Chrétien assez religieux pour ne pas rougir de sa

Foi ; un Chrétien qui craint de la trahir, en la diffimulant, en paroiffant ne prendre aucune part aux affauts qu'on lui livre, en fouffrant qu'on prodigue impunément à fon fujet les plaifanteries & les invectives.

Nous devons nous fouvenir que Jefus-Chrift a dit qu'il rougira de nous devant fon Pere, fi nous rougiffons de lui devant les hommes. Si nous n'avons pas le courage de parler en faveur de la Religion dans des compagnies, où nous rifquons tout au plus d'être traités de dévots & de petits efprits ; comment aurions-nous la force de confeffer la Foi devant les tyrans fi l'ocafion s'en préfentoit encore ?

Réfifterions-nous à l'effroi des tortures & des fupplices , nous qui ne pouvons nous refoudre à fupporter un mot de raillerie , & une marque de mépris de la part de gens qui nous doivent paroître très-méprifables ?

Nous n'aurons peut-être jamais l'occafion de fouffrir le Martyre pour Jefus-Chrift; nous avons tous les jours celle de plaider la caufe de fa Reli-

gion, de la défendre non par de vaines disputes, mais en nous déclarant
ouvertement pour elle, & en témoi-
gnant notre horreur pour ses ennemis. Si nous ne le faisons pas, som-
mes-nous véritablement Chrétiens ?

Politique inexcusable dans des Chrétiens.

Direz-vous encore que vos récla
mations seront inutiles, qu'elles ne
fermeront point la bouche aux blas-
phémateurs ; qu'au contraire elles les
exciteront à mettre plus de chaleur
& moins de retenue dans leurs blasphêmes. Vous vous trompez : votre zèle
pour la Religion aura toujours son
effet.

Vous empêcherez qu'on ne regarde
les principes des impies comme des
principes avérés & incontestables.
Vous prouverez que la Religion n'est
pas encore tellement tombée dans le
discrédit, qu'il ne se trouve des gens
qui la défendent avec courage. Les
impies n'auront plus la même hardiesse, lorsqu'ils sçauront que tout le
monde n'est pas déterminé à prendre

pour bon tout ce qu'ils avancent, & qu'il y a encore des gens qui ne les craignent pas.

Les demi-Chrétiens seront édifiés de votre zèle. Vous contribuerez à émousser les traits destinés à consommer leur perversion. Votre courage viendra à l'appui de leur foi ébran‑ lée. Vos discours seront un bon grain qui semé à propos produira des fruits dans son temps. En un mot, vous aurez fait votre devoir, & c'est tou‑ jours beaucoup pour vous-même.

Espérons que l'autorité réprimera l'audace des impies ; qu'elle mettra de fortes barrieres à l'inondation de de leurs Libelles Cyniques & anti- Chrétiens, si dignes d'exciter son ani- madversion, & d'éprouver toute sa rigueur. Je parle de ces écrits qui se produisant pour l'ordinaire sans appro- bation, sans nom d'Auteur & d'Im- primeur, sappent aussi audacieusement les fondemens de la Monarchie que ceux de la Religion.

En attendant que le glaive de la Jus- tice se déploye pour purger la société de ces horribles scandales, il ne nous reste à nous simples Fidéles, qu'à gémir & à prier. La bonne Doctrine ne restera pas sans défense ; nous avons la consolation de voir les Livres impies refutés avec autant de lumiere que de zèle par le judicieux Auteur des Lettres Critiques des divers Ouvrages modernes contre la Religion.

La protection la plus respectable vient de susciter un nouveau renfort de Gens de Lettres pour remplir le même objet. Avec de tels secours l'impiété sera combattue, & la Religion vengée. Les esprits judicieux & les cœurs droits y trouveront tous les préservatifs dont ils ont besoin pour se garantir de la contagion qui les environne dans ce siécle malheureux.

Derniere précaution pour sauver sa foi
du naufrage.

La conservation de notre Foi demande une derniere précaution. Il ne suffit pas d'en connoître les objets ; il importe sur-tout d'en bien connoître la nature. Je suis Chrétien, c'est-à-dire que je crois des Dogmes & des

Myſtères qui de mon aveu ſont en eux-
mêmes tout-à-fait incompréhenſibles ;
& que je les crois avec une fermeté
unique dans ſon eſpèce.

L'Impie témoin de la docilité avec
laquelle je ſoumets mon eſprit aux
enſeignemens de la Foi , me juge à
ce ſeul titre digne de pitié. Il ſe rit
de ma crédulité , qu'il traite d'imbécilité & de folie. Il réclame contre
elle les droits de ma raiſon ; & en
exagérant poliment mes connoiſſances
& mon bon ſens en toute autre matiere , il me plaint de ce que je veux
bien être groſſierement la dupe de
l'impoſture de certains hommes.

Par-là il cherche à me perſuader
que n'étant Chrétien que par le hazard de ma naiſſance , & par l'aſcen-
dant des préjugés de mon éducation ,
je ne dois point m'obſtiner dans cet
aveuglement, parce que ce ſeroit m'interdire l'uſage du flambeau de mes lumieres naturelles.

Quelle que ſoit ma fermeté dans la
Foi, quelque fortes que ſoient mes
diſpoſitions pour perſévérer dans la
Religion de mon Baptême. Je ſçais

que la Foi eſt un don de Dieu. Je n'ignore pas que ce don n'eſt rien moins qu'inadmiſſible; pouvant le perdre, & ayant à craindre qu'il ne me ſoit enlevé, je dois dans ces jours de trouble & de ſéduction, je ne puis même trop me précautionner, afin que ſi j'étois aſſez malheureux que de me trouver expoſé aux tentations qui ébranlent la Foi, je me ſouvienne alors que dans les momens où j'ai eu toute la liberté de mon eſprit, j'ai reconnu toute la force & toute la vérité de la Religion.

Le don de la Foi eſt un don aſſez précieux, pour que j'en regarde la conſervation comme le plus important de mes ſoins, parce que de là dépend l'intérêt de mon ſalut, intérêt capital & même unique à le bien prendre. Je vais donc me rendre compte à moi-même des caractère diſtinctifs de la Foi Chrétienne que j'ai reçue dans mon Baptême, par un pur effet de la bonté de Dieu, & dont je voudrois bien faire regretter la perte aux impies, qui comme moi en naiſſant eurent part à cette grande faveur.

Le besoin que j'ai de conserver le précieux don de la Foi, me démontre la nécessité de me sonder moi-même, selon le conseil de l'Apôtre, pour m'assûrer par la discussion la plus exacte, & par l'examen le plus scrupuleux, que j'ai conservé ce don dans toute son intégrité. *Ipsi vos tentate, si estis in Fide, ipsi vos probate.*

Notion exacte de la vraie foi, & son apologie.

Selon la Théologie de ce Docteur des Nations, la Foi est le fruit de l'instruction ; *Fides ex auditu.* Pour avoir la Foi saine & pure, il faut donc puiser l'instruction dans sa véritable source ; c'est-à-dire, la tenir de la vraye Eglise. Car cette Epouse de l'Esprit-saint, une & indivisible de sa nature, est seule chargée du dépôt de la Foi. Seule elle a le pouvoir de le conserver & de le transmettre sans altération.

D'où il suit que cesser de croire avec elle, & de croire généralement tout ce qu'elle croit, c'est être ab-

solument déchû de la Foi Chrétienne.
Dès-lors on lui eſt auſſi étranger que
le Juif, le Payen & le Publicain,
quoiqu'on continue d'admettre arbitrairement quelques articles au gré de
l'eſprit particulier, qui réduit cette
créance à une Foi purement humaine.

La conviction operée par la Foi,
ne ſçauroit être produite par ſon objet.
Elle tire toute ſa force de ſon motif.
De-là vient qu'elle eſt le partage des
ames ſimples & dociles ; & que la ſa-
geſſe humaine, la prudence de la
chair, l'eſprit de curioſité, l'enflure
des ſciences humaines, filles de l'orgueil, y ont toujours oppoſé les plus
vives réſiſtances ; parce qu'elles y rencontrent leur humiliation.

Ainſi un des grands obſtacles à la
Foi, c'eſt l'orgueil de l'eſprit : c'eſt
cet attachement opiniâtre aux lumieres d'une raiſon impérieuſe, qui veut
tout ſoumettre à ſes jugemens, & qui
au lieu de ſouffrir qu'on la captive,
veut tout captiver elle-même ſous le
joug de ſes déciſions abſolues.

Après l'orgueil & la préſomption

de l'esprit, rien ne dispose si prochai-
nement à perdre la Foi que la dépravation du cœur. La Foi est un
don du Saint-Esprit ; & comme les
opérations de ce Divin Esprit parti-
cipent nécessairement à la pureté de
leur source, elles rencontrent dans la
corruption des mœurs un obstacle
qui les arrête & qui détruit souvent
leur action.

Dieu s'en déclara autrefois lorsque
toute chair eut corrompu ses voyes.
Il dit avec indignation que son esprit ne pouvoit plus habiter dans
l'homme devenu tout charnel. *Non
remanebit spiritus meus in homine quia
caro est.*

La foi n'est pourtant pas absolument incompatible avec le péché,
avec l'état du péché, avec l'endurcis-
sement même dans l'état du péché.
La foi ne peut être tout-à-fait anéantie que par un acte formel d'incrédulité. Mais dans une ame qui n'en pratique point les œuvres, la Foi, dit S.
Jacques, devient une foi morte, *fides
mortua est;* une foi qui ne laisse plus
au Chrétien d'autre avantage sur les

démons & les réprouvés, que celui d'avoir dans ce don toujours permanant, un principe de repentir & de conversion.

D'autre part une foi pareille devient en quelque sorte funeste au Chrétien; parce que dès qu'elle ne fructifie pas pour le Ciel, elle accumule nécessairement ses démérites pour l'enfer. Un Chrétien ne fait que grossir le trésor des vengeances divines sur sa tête, lorsqu'il ne fait aucun usage de sa foi; lorsqu'il la deshonore par la pratique des œuvres qui lui sont contraires.

Il seroit sans doute beaucoup plus malheureux, s'il l'avoit entierement perdue & abjurée; mais c'est un bien grand malheur pour lui d'avoir à répondre du mauvais usage & de l'abus de ce talent.

La foi est pour lui une ressource. Toute morte qu'elle est, elle peut revivre. Il ne faut pour cela qu'une étincelle de charité. Mais tandis qu'elle demeure dans cet état de mort, elle ne sert qu'à rendre le Chrétien plus inexcusable. *Qui cognovit voluntatem*

Domini sui, & non fecit eam vapulabit multis.

La foi est plus ou moins accompagnée de lumieres & d'instruction. Elle est plus développée dans les uns, elle l'est moins dans les autres; mais elle doit avoir dans tous la même fermeté. Elle doit être dans tous inébranlable & à toute épreuve.

La foi doit être aveugle dans sa soumission; c'est-à-dire, qu'on doit croire sans examen tout ce que l'Eglise nous enseigne. Elle n'en est pas moins éclairée dans son obéissance, parce que le motif qui la détermine est infiniment judicieux & sensé.

La foi est d'autant plus soumise & plus inébranlable, qu'elle est plus éclairée; parce que plus on pénetre son motif, plus on est fortement déterminé à croire. Ce que le Chancelier Bacon a dit, se trouve vrai à la lettre; qu'un peu de philosophie rend l'homme athée, & que beaucoup de philosophie conduit à la connoissance de Dieu. Cette maxime est appliquable à toutes les vérités qui font l'objet de notre foi.

La foi est un esclavage de l'esprit

& du cœur ; mais elle fournit bien des dédommagemens à la contrainte, & aux sacrifices qu'elle exige. Elle est agissante & se porte aux plus grands efforts ; mais sans précipitation & avec bienséance.

Elle est susceptible d'économie & de ménagemens ; mais jamais jusqu'à autoriser les foiblesses & les lâchetés d'une complaisance purement politique, ou jusqu'à se rendre complice du désordre & de l'erreur que partout elle attaque & elle déracine.

La foi fait des martyrs. Elle n'a jamais fait de rébelles. Si elle résiste aux hommes, ce n'est que lorsque les hommes commandent des choses contraires à la loi de Dieu. Un Chrétien ne connoît point de pouvoir égal à l'autorité de Dieu. Il donne à Dieu la préférence sur toutes choses. Si on le persécute pour le contraindre à désobéir à Dieu, il souffre la persécution sans résister ; il meurt & ne se révolte point.

La foi opere des miracles par le ministère de ceux qui en sont vivement pénétrés ; mais elle déteste &

réprouve les folles impostures que l'esprit de secte imagine quelquefois dans son désespoir, pour attirer des spectateurs dans ses assemblées clandestines, pour faire des dupes & pour conserver un reste de crédit auprès des esprits foibles & superstitieux.

La foi ose tout, elle entreprend tout ; mais sa marche est toujours réglée par la prudence. Ce n'est point en semant le trouble qu'elle travaille à étendre son empire ; elle porte partout des leçons de paix & de charité. Les Apôtres qu'elle envoye dans toutes les parties du monde, y vont comme des agneaux au milieu des loups.

Le salut des hommes, voilà l'unique objet qu'ils se proposent ; ils cherchent à éclairer leur esprit & à gagner leur cœur. Convertir des ames, voilà toute leur espérance ; le secours & la protection de Dieu, voilà tout leur appui.

La foi applaudit aux triomphes de ses défenseurs, parce qu'ils tendent à procurer la gloire du Ciel & à assurer le bonheur de la terre ; mais elle les leur fait acheter par leurs travaux, par leur patience, & souvent au prix de leur sang.

Elle ordonne aux Chrétiens de prier pour leurs ennemis & leurs oppresseurs. Loin de leur permettre de contribuer à la destruction de leurs tyrans, ou de se réjouir des malheurs qu'ils éprouvent, elle exige d'eux qu'ils ayent une charité universelle qui embrasse tous les hommes, sans distinction d'ami & d'ennemi.

Exhortation à la persévérance dans la foi.

Il seroit aisé de pousser plus loin cette induction des caractères de la vraie foi ; mais nous en avons dit assez pour faire connoître l'injustice & l'indécence des reproches que les impies de nos jours ont osé quelquefois lui faire.

Daigne le Seigneur, conserver au milieu de nous ce don précieux de la foi ! Puisse-t'il ne jamais exécuter la menace qu'il nous a faite de nous enlever le Royaume de Dieu & de le transporter à des nations qui en doivent faire les fruits ! *auferetur à vobis regnum Dei, & dabitur genti facienti fructus ejus.*

Puissent les prétendus Philosophes du siecle, reconnoître enfin leur aveuglement, & ceder aux mouvemens de la grace qui les appelle pour leur montrer que la foi n'a rien de contraire à la raison; qu'elle est plutôt le chef-d'œuvre de la raison faine & éclairée.

S'ils persistent dans l'habitude qu'ils se font faite de se jouer de tous les principes quand il s'agit de la religion; d'adopter avec affectation & contre toute bonne foi, les anecdotes les moins vraisemblables, dès qu'elles peuvent diminuer le respect que l'on porte à la religion; d'encenser tout ce qui lui est contraire, de calomnier tout ce qui lui appartient. Leur conduite prouvera du moins aux esprits raisonnables & sensés, que la prétendue Philosophie des impies n'est qu'un méprisable égarement d'esprit, qui a tous les caractères d'un parti pris sans jugement, soutenu avec passion, & dont toutes les ressources se bornent à une partialité opiniâtre.

Les vrais fidelles n'appercevront dans la conduite des incrédules, que les abîmes où précipite une volontaire résiftance aux enseignemens de la foi. Ils comprendront que la perte de toutes les lumieres faines & de tous les fentimens vertueux, eft la fuite inévitable du nauffrage de la foi.

Cette connoiffance né fervira qu'à leur infpirer une plus grande eftime pour les vérités de la foi, un plus fincere empreffement à vivre de l'efprit de la foi, une plus vive reconnoiffance pour celui dont la grace les a préfervés des piéges & de la contagion de la fauffe philofophie ennemie de la foi, enfin une vigilance plus attentive à conferver le précieux tréfor de la foi, tandis qu'ils font engagés dans cette voye périlleufe dont parle l'Evangile, où une foule de voleurs fe tiennent en embufcade pour le leur enlever.

Conclusion de cet Ouvrage.

J'observerai en finissant, qu'on ne doit point trouver étrange que tout ne soit pas neuf dans un Ouvrage tel que celui-ci. Quand on traite de la religion, on doit renoncer à la fantaisie de dire des choses neuves. Les vérités de la Religion sont nécessairement anciennes; il n'est permis à personne d'y ajoûter ou d'en retrancher. La nouveauté en ce genre ne peut être qu'un fruit d'erreur.

Mais quoique mon intention n'ait pas été de dire des choses neuves, peut-être ai-je réussi à les présenter sous un jour nouveau. Mon travail ne sera pas inutile, si j'ai rempli l'objet que je m'étois proposé, de mettre les preuves de la Religion à portée de tout le monde, & de les dépouiller de ce qu'elles offrent de trop abstrait dans d'autres ouvrages plus profonds.

Mon dessein n'a point été d'offenser qui que ce soit; & si contre mon gré il s'étoit glissé quelque chose de trop dur dans mes expressions, je le défavoue d'avance. Cependant je prie les Lecteurs de ne point se laisser abuser par les clameurs de certains incrédules qui osent crier à la calomnie, quand on les accuse de manquer de religion.

Il y en a parmi eux à qui ce reproche a attiré des disgraces. Sur cela ils ont pris le parti quelquefois de s'élever avec ressentiment contre leurs aggresseurs. Ils ont soutenu qu'on les calomnioit en les taxant d'irréligion, que l'accusation étoit trop grave pour l'avancer sans preuve juridique, & que pour avoir droit de leur donner ce tort, il falloit y procéder par un procès en règle devant les Tribunaux. Ils ont accompagné cette prétendue apologie d'invectives aigres contre l'ignorance & le faux zèle des envieux de leurs talens, & des détracteurs de leur Philosophie.

Il n'y a qu'un mot à répondre à ces gens-là. Ils n'auront point à craindre qu'on les accuse d'irréligon, lorsque leurs écrits feront totalement purgés de maximes, de réflexions, de traits, d'expressions tendantes à inst-

nuer la fausseté du Christianisme, ou
l'égalité de toutes les religions ; lorsque se bornant à cultiver les sciences
& les arts, ils ne s'aviseront plus de
confondre le Christianisme avec la superstition, & de prêter au zèle de ses
Ministres, les couleurs du fanatisme ;
lorsque traitant de la morale, ils ne
mettront point au rang des vertus, des
vices que le Christianisme proscrit ;
lorsque s'érigeant en distributeurs du
blâme & de la louange, on ne les verra point donner pour seuls & uniques Philosophes, des hommes que
leur impiété a rendus fameux, &
ne parler qu'avec mépris de tous ceux
qui osent ajoûter foi à une religion
révelée.

On ne les accusera point d'irréligion, lorsqu'ils auront réparé le scandale de leurs écrits licentieux, non
par des rétractations accordées à la
seule crainte du châtiment, qui ne
font qu'un jeu peu honorable à la probité de ceux qui le jouent, & une
fausse monnoye dont le décri ne peut
plus trouver de dupes ; mais par
une profession publique de foi que

la Religion chrétienne & catholique puisse avouer.

Je dirai encore à ces gens-là que dans les tems où nous sommes, un Ecrivain qui veut passer pour Chrétien ne peut trop éviter le langage qui est devenu familier aux incrédules ; qu'il donne lieu à de justes reproches, toutes les fois qu'il parle de préjugés, de superstition & de fanatisme, s'il ne borne pas l'application de ces termes injurieux à des objets évidemment étrangers à la religion chrétienne ; qu'il mérite l'accusation d'irréligion dont il se plaint, si par le mot de Religion il n'entend que le Déisme ou la Religion naturelle non-révelée.

Je dirai enfin qu'il est très-facile à un homme qui a la Foi Chrétienne de n'être pas soupçonné sur le fait de la Religion. Lorsque cette Foi est dans le Cœur, le langage s'en ressent ; & si le langage se ressent du contraire, c'est que le contraire est dans le cœur.

Pour fermer la bouche à ces Incrédules, qui se plaignent avec arrogance de ce qu'on les accuse injuste-

ment, il suffiroit de leur demander
compte de leur Foi, en parcourant les
divers articles du Symbole Chrétien.
On verroit alors si les reproches qu'on
leur fait font injustes ou légitimes. En
un mot s'ils conviennent que l'accufation d'irréligion eft une accufation
grave, qu'ils fçachent que le feul
moyen de s'en garantir, c'eft d'être
Chrétien, & de parler en Chrétien.

F I N.

TABLE
DES MATIERES.

PREMIERE PARTIE.

La crédibilité du Christianisme opposée à la fausseté de l'irréligion.

N

N ij

SECONDE PARTIE.

Fin de la Table.

APPROBATION.

J'Ai lû, par ordre de Monseigneur le Chancelier, un Manuscrit intitulé : *Le Philosophe moderne, ou l'Incrédule condamné au tribunal de sa raison.* En Sorbonne, le 31 Mai 1759.

MERCIER,

ERRATA.

PAge 31, ligne 26, pouvoit, *lifez* pourroit.
P. 35, l. 3, billeverſées, *liſ.* billeviſées.
P. 36, l. 11, étoient, *liſ.* étoit. P. 45, l. 20,
inteliigence, *liſ.* intelligence. P. 46, l. 4,
toute, *liſ.* toutes. P. 59, l. 14, *incrédulus*
liſ. infidelis. Ibid. l. 14, *credit*, liſ. *crédet.*
P. 75, l. 9, du progrès, *liſ.* des progrès.
P. 99, l. 20, Oracles toujours exprimée,
liſ. exprimés. P. 104, l. 15, hifttorien, *liſ.*
hiſtorien. P. 121, l. 7, ſe ſonts, *liſ.* ſont.
P. 125, l. 28, toute paſſions, *liſ.* toutes.
P. 128, l. 12, bou organiſée, *liſ.* boue
P. 143, l. 13, à cet âge, *liſ.* en cet âge.
P. 146, l. 3, à le connoître, *liſ.* ſe. P. 150.
l. 15, le mot de *vils* à retrancher. *Ibid.* l. 18,
objets fantaſtiqué, *liſ.* fantaſtiques. P. 155
l. 28, en déſeſpérer, *liſ.* déſeſpérer d'y at-
teindre. P. 191, l. 1, toutes nos douleurs
liſ. les. P. 210, l. 18, ayant prit, *liſ.* pris.
P. 238, l. 6, mille maniere, *liſ.* manieres.
P. 243, l. 20, il la parcours, *liſ.* parcourt.
P. 260, l. 20, les hommes, *liſ.* des hommes.
P. 263, l. 24, recherces, *liſ.* recherchet
P. 282, l. 8, naufrage de la foi, *liſ.* dans.